업을 지닌 채 윤회를 벗어나는 성불법

정 법 개 술

淨 法 槪 述

부록 : 정종심요 · 정수첩요

방륜 거사 지음
연관 스님 옮김

비움과소통

서 언(序 言)

정토(淨土)법문은 광대 미묘하면서도 손쉽고 간편한 수행법이다.

그러므로 깊은 지위의 보살이라도 그 높고 깊음을 헤아리지 못하고, 극악한 죄인이라도 또한 해탈을 얻을 수 있으며, 많은 글을 읽은 문인이라도 이 여섯 자 "나무아미타불" 밖을 벗어나지 아니하고, 낫 놓고 기역자도 모르는 늙은이도 또한 구품(九品)에 들 수 있는 것이다.

그러므로 부처님께서는 이것을 잃고서 중생을 제도할 방법이 없고 수행인도 이것을 버리고는 번뇌무명에서 벗어날 길이 없다. 이는 마치 아가타약[불사약不死藥]과 같아서 이를 얻으면 온갖 병을 고칠 수 있고, 전륜왕의 보배와 같아서 이를 타면 먼 곳까지 이를 수 있다.

다만 너무 간단하고 쉬운 까닭에 사람들에게 경시(輕視)를 당한다. 더욱이 지식인이나 과학자는 본인이 부처님의 다섯 가지 눈[오안五眼]이나 네 가지 지혜[사지四智]가 없으면서 현실에서 이를 말해 주거나 증명해 줄 것을 요구한다.

예컨대, 구더기가 거름더미 속에 살면서 사람들이 이 세상에는 수 없이 많은 나라가 있다고 하는 말을 들으면 굳이 믿지 않으려 하는 것과 같다. 참으로 연민스러운 일이다.

자기 자신이 이왕 신통과 지혜가 없으면서 신통과 지혜를 갖추신 부처님의 말씀도 받아들이지 않고, 스스로 아만을 떨면서 도리어 자기 소견으로 지혜를 삼고 있으니, 어찌 슬픈 일이 아니겠는가?

염불을 믿지 않는 자는 또한 극락세계가 있는 줄도 모르고 믿지도 않는다. 이 허공 가운데 이미 우리들이 살아가는 세계가 있다면 또한 다른 세계가 있으리라는 것을 왜 인정하지 않는가? 이미 사바세계와 같은 더러운 국토가 있다면 이보다 더 정결한 세계가 있으리라는 것을 왜 인정하지 않는가?

이미 고통스러운 곳이 있다면 안락한 곳도 있으리라는 것을 왜 인정하지 않는가? 추하고 더러우며 오래 살지 못하는 몸이 있다면 존귀하고 장엄하며 장수하는 몸도 있을 줄을 왜 인정하지 않는가? 이 세상에서 살아가고 있다면 능히 다른 세계에서도 살아갈 수 있다는 것을 왜 인정치 않는가?

우리들의 지혜나 재능이 지렁이나 달팽이에 비해 한없이 높고 많은 것을 인정하며, 제갈량의 지혜나 재능이

아두[阿斗: 삼국시대의 촉蜀 나라 후주인 류선劉禪의 아명]에 비해 월등히 높고 많음을 인정한다면, 부처님이나 보살이나 나한(羅漢)의 지혜와 재능이 우리들에 비해 더없이 높고 많으리라는 것을 왜 인정하지 않는가?

이 세상에서 화생(化生)하는 생물이 있는 것을 보았다면 저 세상에도 화생하는 사람이 있으리라는 것을 왜 인정치 않는가? 이 세상에 눈꽃이 하늘에서 내리는 것을 보았다면, 저 국토에는 만다라화(曼陀羅華)가 하늘에서 내려오리라는 것을 왜 인정하지 않는가?

이 국토에 목질(木質)의 나무가 있는 것을 보았다면, 저 국토에는 금질(金質)이나 은질(銀質)의 나무가 있으리라는 것을 왜 인정치 않는가? 이 국토에서 바람이 수목 사이에 불어서 솔바람 소리나 대바람 소리가 나는 것을 보았다면, 저 국토에는 바람이 수림(樹林) 사이에서 불어와 음악 소리를 내리라는 것을 왜 인정치 않는가?

이 국토에서 어느 곳을 가든 더러운 냄새를 맡을 수 있다면, 저 국토에는 어느 곳을 가든 향기로운 냄새를 맡을 수 있으리라는 것을 왜 인정치 않는가? 이 국토의 물이 탁하고 껄끄러운 것을 보았다면, 저 국토의 물은 맑고 감미로우리라는 것을 왜 인정치 않는가?

이상과 같이 생각해 본 것은, 이 세상에 있는 여러 가지 일들이 저 세상에는 낱낱이 없을 수도 있을 것임을 말

한 것이다.

예컨대 지독히 가난한 사람이 누추한 집에서 찌그러진 사립문이나 헌 누더기만 보고 살면서, 부유한 사람에게는 높은 누각과 큰 집과 금옥으로 장식한 갖가지 장신구와 비단으로 수놓은 갖가지 아름다운 옷들이 있다는 것을 굳이 믿지 않으려는 것과 같다 할 것이니, 어찌 억지나 편견을 면할 수 있겠는가?

또 어떤 사람은 매사에 반드시 두 눈으로 직접 본 것만 믿고, 두 눈으로 보지 않은 것은 믿지 않거나 부정한다. 이런 자에게는 이러한 질문을 하고 싶다.

“그대는 그대의 58대조 할아버지가 있다는 것을 믿는가?”
“그렇습니다.”
“그 할아버지는 그대가 직접 본 적이 없을 것인데, 무슨 근거로 있었으리라는 것을 인정 하는가?”
“이치로 따져보아서 그런 줄 압니다.”
“그렇다면 그대는 어찌하여 극락세계가 있다는 것을 이치로 따져 생각해 보지 않는가? 따져본 후에도 만약 있음을 믿지 않는다면, 이것은 지식이 천박한 것이다. 마치 우물 속의 개구리가 바다를 믿지 않는 것과 같다 할 것이니, 믿지 않는 것이 그대의 불신 때문이라면 바다는 언제나 바다로써 존재할 뿐이다.”
또한 이런 사람에게 이런 질문을 하고 싶다.

"그대는 남아메리카에 아르헨티나라는 나라가 있음을 믿는가?"
"믿고 있습니다."
"그 나라는 그대가 직접 가 본 적이 없을 것인데, 어떻게 그런 나라가 있다는 것을 확신하는가?"
"나는 비록 가보지 못했으나 다른 사람이 가보고 돌아와서 이런 나라가 있다는 것을 말했으며, 혹은 책에서 그 나라에 대해 소개한 것을 본 적이 있으므로 그런 줄 알고 있습니다."
"그렇다면 석가나 문수·보현·대세지·미륵·관음·아난·위제희와 부처님의 큰 제자들이 모두 일찍이 가서 눈으로 직접 극락(極樂)국토를 보고 그대에게 설한 적도 있고, 또는 경서(經書)를 통하여 그대에게 설한 적도 있었다. 그런데도 믿지 않는 것은 무엇 때문인가?"
"남아메리카는 배를 타거나 비행기를 타고 가서 실제로 있다는 것을 증명할 수 있습니다. 그러나 극락국토는 증명할 도리가 없지 않습니까?"

"그대가 배를 타거나 비행기를 타고 직접 그곳에 가서 확인하는 것은 장래의 일인데, 그대는 지금 가 보기도 전에 도리어 있다고 믿지 않는가? 극락국토에 왕생하는 것도 장래의 일이다. 그런데도 아직 가 보기도 전에 우선 이를 믿지 않으려는 것은 무슨 까닭인가?"
"아르헨티나를 가보고 싶으면 단지 며칠 정도가 소요되는 노정(路程)일 뿐입니다. 그러나 극락국토는 가 보고는 싶으나, 실제 가 볼 방법이 없지 않습니까?"

"그대는 만약 오늘 새벽에 목숨이 다하면 그 즉시 극락국에 있을 것이다. 아르헨티나에 가는 것보다 훨씬 가깝지 않은가?"

이렇게 일일이 이치를 들어 증명할 수 있다. 결론적으로 말하면 이러한 미혹은, 중생이 이미 신통이 없고 또한 신통이 있는 사람의 말을 믿지 않는 탓이다.

예컨대 자기는 아르헨티나에 가 본 적이 없으면서 일찍이 직접 가서 보고 온 사람의 말을 믿지 않는 격이다. 옹고집같이 제 소견 속에 들어앉아 굳이 이러한 국토가 있다는 것을 믿지 않으려 하니, 이야말로 소위, "자신은 사리에 분명치 않으면서 오히려 다른 사람을 욕한다"고 하는 격이 아니겠는가?

세상의 어떤 종교를 막론하고 하나의 궁극적인 목표가 있다. 천국이니 천당이니 하는 것이 이것이요, 이를 믿는 자들도 많다. 저들이 천국이니 천당이니 하는 것을 사람들에게 소개하고 보여 주는 것과 같이, 불교도 역시 여러 부처님의 국토를 들어서 사람들에게 소개하고 보여주고 있다.

요즘 어떤 사람들은 자신의 지혜가 옛사람들에게 미치지 못하면서 아만과 보잘 것 없는 총명으로 도리어 옛사람을 비방하며 염불도 하지 않고 극락국도 인정치 않으려 한다.

그들의 생각에는, '나같이 깊은 학식을 갖춘 자가 만약 불법을 닦는다면 적어도 선(禪)이나 유식(唯識)을 공부하는 정도는 되어야 겨우 분에 맞다. 이런 정토 따위의 보잘것없는 법은 그저 늙은이들이나 아낙네들한테나 설해야 맞다'고 한다. 이들의 이런 견해는 실로 가당치도 않은 말이다.

대세지보살(大勢至菩薩)은 등각(等覺)보살이었으니, 《무량수경(無量壽經)》에서 "그는 가장 거룩하고 훌륭하여 그의 위신력의 광명은 널리 삼천세계를 비춘다" 하고, 《관음경》에서는 "그가 걸어갈 때는 시방세계(十方世界)가 모두 진동하며 앉아 있을 때는 칠보의 국토가 한꺼번에 요동하여 아래로 금강불찰(金剛佛刹)로부터 위로는 광명왕불찰(光明王佛刹)에 이르기까지 그 중간에 한량없는 분신의 무량수불과 관음과 세지가 모두 운집하였다" 하였으니, 그의 위신력과 복덕을 추측할 수 있을 것이다. 이런 분이 능엄(楞嚴)회상에서 스스로 말씀하시기를, "염불로 말미암아 극락국에 태어났다" 하였던 것이다.

또한 보현보살(普賢菩薩)도 등각보살이었으니, 백옥과 같은 몸에 여섯 이빨을 가진 코끼리를 타고 있었다. 《화엄경》에 그가 선재동자를 위하여 십대원왕(十大願王)을 설하여 널리 선재와 화장해(華藏海) 대중으로 하여금 서방극락세계에 회향 왕생하여 거룩한 부처님의 과덕(果德)을 기약하게 하였던 것이다.

용수보살(龍樹菩薩)은 능히 용궁(龍宮)에 들어가서 《화엄경》을 가져왔으며, 철탑을 열고 비밀장(祕密藏)을 전하였던 분이다. 그리고 《대지도론》·《회정론》·《육십여리론》·《중론》·《십이문론》·《칠십공론》·《십주비바사론》·《대승이십론》·《자량론》 등을 지었으니, 그의 학문에 대한 조예는 상상하고도 남음이 있을 것이다. 《입능가경(入楞伽經)》에서 세존이 미리 수기하시기를, "대혜여, 너는 잘 알아야 한다. 부처님께서 열반에 드신 후 미래 세상에 반드시 나의 법을 부지할 자는 남천축국의 대명덕 비구이니, 그의 이름은 용수이다. 유·무(有·無)의 종지를 깨뜨리고 세상에 나의 위없는 대승법을 밝히고 환희지(歡喜地)를 얻어 안락국에 왕생할 것이다" 하였다.

또한 세친보살(世親菩薩)은 5백 부의 소승론과 5백 부의 대승론을 지었으므로, 그를 천부논사(千部論師)라고 부르기도 한다. 이로써 그의 학식의 깊이를 알 수 있을 것이다. 그가 지은 《왕생정토론(往生淨土論)》 첫머리에서, "세존이시여, 저는 일심으로 온 시방의 한없는 여래에게 귀명하옵고 안락국에 태어나기를 원하옵나이다." 하였던 것이다.

이와 같은 대보살들도 오히려 모두 극락세계에 태어나기를 발원했거늘, 우리는 생각해보면 저들의 몸에 난 털 한 올 만치에도 미치지 못하면서 오히려 교만을 떨며 정토법을 우습게 여길 뿐만 아니라, 극락세계에 태어나기를 원하지도 않으니 어찌 해괴한 일이 아니겠는가?

내가 일찍이 어떤 불교를 배우는 사람을 본 적이 있는데, 그는 그저 아침부터 저녁까지 경론을 연구하며 온 생애를 다 바쳐 하나의 해박한 지식만을 구할 따름이었다. 또 어떤 사람은 그저 이론을 좋아하여 입을 열면 마명(馬鳴)이나 용수·무착(無着)·세친을 말하며 공(空)을 말하고 유(有)를 설하며 상(相)과 성(性)을 연구할 뿐이었다.

어쩌다 이런 사람이 절에 가서 어떤 사람이 머리를 땅에 조아리고 절을 하거나 불상 앞에 한 오리 향을 사루며 '나무아미타불' 하고 염(念)하는 소리만 들어도 차마 듣지 못할 말을 들은 듯이 하며, 다른 불사(佛事)는 아예 입에 담지도 않으려 했다. 저들은 실로 마음은 홀로 일어나는 것이 아니라 경계를 의지해야만 비로소 생기는 것이며, 더럽거나 깨끗한 여러 가지 경계가 모두 하나로 돌아가는 것임을 알지 못하였다. 당초에 이왕 더러운 경계를 따라 더러운 마음이 생겨 삼계를 유전(流轉)한다면, 이후에는 깨끗한 경계를 따라 깨끗한 마음이 생겨 삼계(三界)를 초월하는 것임도 인정해야 된다.

그러므로 거룩한 삼보에 의지하여 정성과 존경의 생각을 낼 때 그 훈습(薰習)의 힘으로 인하여 능히 제8식[第八識: 아뢰야식]의 더러운 종자가 정체하여 행하지 못하게 하는 한편, 또 한편으로는 능히 재빨리 깨끗한 종자가 익어서 무명(無明)의 껍질을 깨뜨리고 부처님의 정토에 태어나게 하는 것이다.

그러므로 손을 들거나 머리를 숙이며 향을 사루거나 염불을 하는 등 육근[六根: 눈 귀 코 혀 몸 의식 등 여섯 가지 감각기관의 총칭]으로 짓는 모든 청정한 모습들이 얼른 보기에는 모두 밖에 있는 것 같으나, 사실은 모두 안에 있는 것이다.

지금 만약 이러한 이치를 알지 못하고 오로지 이[理: 절대평등의 본체]만을 탐하고 사[事: 만유차별의 현상계]를 버린다면, 마치 배가 고파 금방 쓰러질 듯한 사람이 목숨이 다할 때까지 그저 각종 음식의 조리법만을 연구하고 앉았거나 식당의 메뉴판만 들고 줄줄 내리 읽으면서 앞에 차려놓은 음식은 먹으려 들지 않는 것과 같을 것이니, 이런 일들을 경전에서는 "음식을 말로만 해서는 배가 부르지 않다"라고 하신 것이다.

이런 사람들은 저들이 비록 경·율·론 삼장(三藏)의 전문을 능히 기억하고 있다 하더라도, 나는 저들을 한 글자도 이해하지 못하는 장경각 속의 좀벌레에 불과하다고 생각하고 있으며, 이런 자를 볼 때마다 안타까운 탄식만 보낼 뿐이다.

반면에 불상 앞에 나아가 통곡하며 눈물을 흘리거나 오체투지하며 참회하는 자나, 시끄러운 시장바닥에서도 아무 상관하지 않고 온 정성을 기울여 염불하는 사람을 볼 때마다 나는 진정 찬탄하고 공경해 마지않으며, "아! 이 분들이야말로 나의 스승이다" 하고 생각하며 이를 본

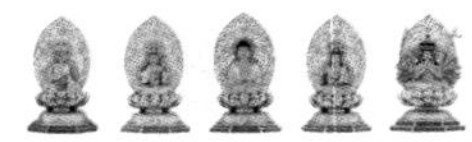

받으려 애쓴다.

아울러 이들은 정념(正念)은 점점 익어가고 혹업(惑業)은 점점 녹아져서 얼마 후에는 반드시 번뇌가 다하여 무위(無爲)의 큰 깨달음에 들 것임을 나는 분명히 확신하고 있다. 저들이 목전(目前)에는 비록 우리와 같이 한 곳에서 살고 있으나 순식간에 극락국의 아라한이 되어, 저 타화자재천(他化自在天)과 비교하면 마치 임금과 구걸하는 거지와 같을 것이니, 더욱이 어찌 우리들과 비교할 수 있겠는가?

가장 좋은 방법은 우리들도 부지런히 염불하여 장래에 저들과 함께 극락세계에 태어나는 것이니, 어찌 상쾌한 일이 아니겠는가? 간절히 바라건대, 음식을 말로만 해서는 배가 부르지 않으니, 한갓 장경각 속의 나무 좀같은 것에 뜻을 두는 무리들을 본받지 말라.

결론적으로 말하면, 신[信: 믿음]·해[解: 이해]·행[行: 실천]·증[證: 깨달음]이 수행의 네 가지 단계인데, 해(解)를 구하는 것은 행(行)하기 위해서이다. 만약 행을 원치 않는다면 굳이 해를 구할 필요가 없을 것이니, 마치 여행을 원치 않는다면 굳이 날마다 지도를 보면서 노정을 찾을 필요가 없는 것과 같다. 더욱이 머리털이 희끗희끗해진 지금 아직까지 해만 구하고 있으니, 행과 증은 내생에나 실천해 보려는 심사인가?

"그대들에게 권하노니, 하루빨리 수행의 길을 찾으라. 한 번 사람 몸 잃으면 만겁(萬劫)이 지나도 어려운 일이다" 한 것이나, "늙어서 비로소 도를 배우겠다고 기대하지 말라. 보라! 외로운 무덤에 저 많은 소년들을!"이라고 한 글을 읽어보라. 어찌 정신 차리지 않을 수 있겠는가?

선종(禪宗)은 깨달음의 문제이니, 말로 설명할 수는 없다. 그러나 만약 깨닫지 못한다면 모든 것이 부질없는 짓이 되고 말 것이며, 정토종(淨土宗)은 다만 행의 문제이니, 또한 말로써 설명할 수 없다. 그러나 만약 행하지 않으면 역시 모든 것이 부질없는 짓이 될 뿐이다.

참으로 진실하게 '나무아미타불' 이 한 구절을 밥 먹듯이, 옷 입듯이 매일 부를 수만 있으면 계(戒)·정(定)·혜(慧)가 구족하고 경(經)·율(律)·론(論)이 완벽하게 갖추어질 것임을 보장할 수 있다. 또한 교를 배우든 배우지 않던 이런 것은 아무 문제가 되지 않고, 목숨이 다한 후에 극락에 태어날 것임을 보증할 수 있다.

이와 같은 막중한 책임을 내가 감히 질 수 있는 자격이 된다는 뜻은 아니다. 아미타불은 중생을 극락으로 인도하려는 48대원(大願)을 세우셨으므로 '접인도사(接人導師)'라고 부르니, 이 분이 제일 첫째 보증인이며, 제일 첫째 책임자이시다. 또한 석가모니불도 《정토삼부경(淨土三部經)》을 설하시어 널리 정토를 권하셨으니, 이분이 두 번째 보증인이며 두 번째 책임자이시다.

더욱이 시방의 갠지스 강 모래수와 같은 모든 부처님도 모두 정토법문을 찬탄하시고 《아미타경》을 호념(護念)하셨으니 그분들이 모두 보증인이며 책임자인 것이다.

이와 같이 무수한 부처님이 보증인이 되고 책임자가 되셨으니, 이러고도 만약 거듭 믿지 않는다면 더 이상 어떻게 할 수 있겠는가? 땅을 치고 통곡할 뿐 더 이상 어떻게 할 도리가 있겠는가!

목 차

목 차

목 차

염불에서 가장 중요한 것은 또렷하게 듣는 것입니다.
염불은 자기와 배합配合하여야 합니다.
고요함(靜)에 들 수 있을 때까지 염해야 자성이 염에 있고,
일하는 동안에도 염에 있습니다.
다른 사람들이 우리가 염에 있는지 모르고,
전일한 마음으로 일하고 다른 망상이 없어야 일심一心입니다.
이것이 부처님 마음(佛心)이고, 불도佛道와 계합함입니다.
정념正念이 있음으로 인해 행하고 표현하는 것이 바로 자비이고,
보는 것은 저절로 정지정견正知正見으로,
이것이 부처님 마음입니다.
-《광공상인사적속편廣公上人事蹟續編》

정법개술淨法概述
극락정토에 태어나는 법을 개략적으로 서술함

一. 정토(淨土)의 뜻

1. 정토란 무엇인가

정토란 '정결한 국토'란 뜻으로, 한 세계의 이면에 아래에서 서술하는 것과 같은 갖가지 조건을 갖추고 있어야만 비로소 정토라 말할 수 있다.

첫째, 사람 방면의 정보(正報)에서 말하면,

가. 건강하여 병이 없어야 한다.
나. 수명이 길어야 한다.
다. 몸이 단정하고 장엄해야 한다.
라. 빈부나 귀천이 없어야 한다.
마. 심성이 유화하고 도덕이 고상해야 한다.
바. 도심(道心)이 물러가지 않아야 한다.
사. 사람이 모두 화생(化生)하여 남녀가 생육(生育)하는 더러움이 없어야 한다.
아. 장성하고 늙고 쇠하는 변화가 없어야 한다.
자. 눈물·콧물·가래·땀·오줌·똥 따위가 없어야 한다.
차. 마음이 넓고 총명해야 한다.

카. 영원히 육도(六道)를 면해야 한다.

타. 육신통(六神通)을 갖추어야 한다.

파. 혜안(慧眼)의 올바른 견해를 갖추어야 한다.

무릇 이와 같은 갖가지 조건을 갖추어야만 중생세간(衆生世間)의 청정장엄(淸淨莊嚴)이라고 할 수 있다.

둘째, 국토 방면의 의보(依報)에서 말하면,

가. 땅이 평탄하고, 보배로 된 땅이 빛나고 깨끗하여 계곡이나 산악·도랑·강·바다 따위의 구덩이가 없어야 한다.

나. 바람과 눈·우레·안개와 한발·장마나 지진과 해일·기근 등 천재(天災)가 없어야 한다.

다. 어느 곳이나 광명이 있어서 해와 달·등불·촛불 따위가 필요치 않아야 된다.

라. 어느 물건이나 늘 새것이어서 깨지거나 썩거나 문드러지거나 녹슬거나 낡거나 더러워지지 않아야 한다.

마. 꽃과 나무, 누대(樓臺)와 풍경이 장엄하고 화려하여 사람의 힘으로 건축할 필요가 없어야 한다.

바. 날씨가 언제나 춥지도 덥지도 않아야 한다.

사. 음악이 미묘하여 사람이 연주할 필요가 없으며, 듣고 싶으면 곧 들려오고 그만두고 싶으면 금방 고요해져야 한다.

아. 사람 밖에 짐승이나 벌레, 물고기 등 각종 동물이 없어야 한다.

자. 샘물이 맑고 감미로우며 깊거나 얕거나 차거나 따

뜻하기가 모두 사람의 뜻대로 되어야 한다.

차. 감관과 경계가 서로 닿기만 하여도 상쾌하고 즐거워서 도념(道念)을 잃지 않게 되어야 한다.

카. 칠보(七寶)가 가득하고 공양구가 충족하되 사람의 힘이 필요치 않고 자연히 이루어진 것이어야 한다.

타. 일체 번뇌가 없어야 한다.

파. 비록 인구가 날로 증가하더라도 국토가 좁거나 물자가 모자라는 법이 없어야 한다.

하. 국토가 태평하여 사마외도(邪魔外道)의 협박을 받지 않아야 한다.

이와 같은 조건을 갖추어야만 기세간(器世間)의 청정장엄(淸淨莊嚴)이라 말할 수 있다. 만약 세계 중에서 이러한 중생세간과 기세간의 두 가지 청정장엄을 갖추었으면 곧 정토라 말할 수 있다.

2. 시방정토(十方淨土)

시방에는 국토도 무량무수하고 고락의 양태도 천차만별이다. 다만 그것이 이루어지게 된 원인은 결코 우연한 것이 아니어서, 혹은 어떤 신이 만든 것이라고 말하고 있으나, 개괄적으로 말하면 두 가지 종류로 나눌 수 있다.

첫째, 그 국토에 태어나는 일체 중생의 공통된 업[공업共業]의 힘으로 이루어져서, 복보(福報)의 즐거움과 재앙의 고통을 받는다.

둘째, 제불보살의 섭수교화(攝受敎化)로 이루어진 것으로, 중생을 제도하기 위한 도량(道場)으로 만들어진 것이다.

앞의 것은, 중생이 악은 많고 선업은 적으므로, 그들이 살아가는 국토도 즐거움은 적고 고통은 많다. 그러므로 예토[穢土: 더러운 땅]라고 하고 정토라고는 말하지 않는다.

뒤의 것은, 불보살의 복덕과 지혜의 힘과 자·비·희·사 사무량심(四無量心)의 가호에다가 다시 모든 중생을 그곳에 태어나게 하려는 원력(願力)의 공덕을 더하여, 이와 같이 주(主)와 반(伴)이 존엄하여 면면히 다함이 없으므로, 그 국토는 티끌만큼도 고통의 원인과 죄악의 과보

가 안에 섞여 있지 않고 순전히 즐거움뿐이고 고통이 없으며, 진실하고 극진한 청정도량(清淨道場)으로 이루어져 있다. 이와 같은 세계이면 능히 정토라고 할 수 있는 것이다.

시방세계 중에는 예토도 한량없고 정토도 한량없다. 모든 예토 중에 우리들의 사바세계는 단지 그 중에 하나일 뿐이므로, 사바세계만이 예토인 줄 알고 그 밖에 한량없는 예토가 있는 줄 모르면 이것은 큰 잘못이다.

또한 모든 정토 중에 아미타불의 극락세계도 단지 그 가운데 하나일 뿐이므로, 극락만이 정토인 줄 알고 그 밖에 한량없는 정토가 있는 줄 알지 못하면 이도 역시 큰 잘못이다.

세존께서 비록 《정토삼부경》에서 널리 극락정토를 설하셨으나, 저 《약사유리광여래본원공덕경(藥師瑠璃光如來本願功德經)》에서는 약사여래의 정유리정토(淨琉璃淨土)를 설하셨고, 《대보적경大寶積經》에서는 부동여래(不動如來: 아촉불阿閦佛)의 묘희정토(妙喜淨土)를 설하셨으며, 《미륵상생경(彌勒上生經)》에서는 미륵보살의 도솔타정토(兜率陀淨土)를 설하셨다.

이와 같은 것은 대략 몇 가지 예를 든 것이나, 사실은 시방세계에 갠지스 강 모래 수만큼 헤아릴 수 없이 많은 부처님이 계시고, 갠지스 강 모래 수만큼의 헤아릴 수 없이 많은 정토가 있으며, 불가설(不可說) 불가설의 부처님이 계시고, 불가설 불가설의 정토가 있다.

이러한 각각 정토 중의 중생이 그 국토에 태어나는 자는 모두 그러한 인연이 있으며, 이 인연은 그러한 수행 방법을 써서 그 국토에 왕생케 되니, 이것을 '정토를 닦는 수행법'이라 부른다.

시방정토에서 이렇게 모두 그럴만한 수행법을 써서 뜻대로 왕생하게 하였는데, 세존께서는 서방 아미타불의 극락세계에 대해서만 유독 자세히 소개하고 찬탄하신 것은 그 까닭이 무엇인가?

사바세계의 중생들은 탐독심(貪毒心)은 많고 신향심(信向心)은 적어 마음이 산란하고 뜻이 견고하지 못하여, 많은 국토를 설하면 도리어 하나도 성취하지 못할 것이므로, 우선 이 한 국토만을 설하여 의지가 집중하고 기억하기 쉬워야만 곧 효과를 낼 수 있기 때문이었다. 이러한 뜻을 반드시 알아야 한다.

3. 정토의 종류

정토와 예토가 비록 바깥 경계인 것 같으나 사실은 일심이 변현(變現)한 것이며, 제불의 정식묘용(淨識妙用)으로 정토를 변현한 것이니, 작용이 다른 까닭에 정토의 이름과 뜻도 따라서 다를 수밖에 없다.

《서방합론(西方合論)』》에 따르면 열 가지 정토를 말하고 있다.

가. 비로자나 정토(毘盧遮那淨土) : 비로자나는 모든 부처님의 법신(法身)으로, '일체 처에 두루하다'라고 번역한다.

나. 유심정토(唯心淨土) : 국토는 마음을 따라 나타난 것이므로, 마음이 더러우면 국토도 더럽고 마음이 깨끗하면 국토도 청정하다. 《유마힐경(維摩詰經)》에, "직심(直心)이 보살정토니… 만약 보살이 정토를 얻고자 하면 반드시 그 마음을 깨끗이 하라. 그 마음이 깨끗함에 따라 불토도 깨끗해지리라" 하였다. 이것이 유심정토의 뜻이다.

다. 항진정토(恒眞淨土) : 영산회상(靈山會上)에서 가리키신 정토로서, 부처님이 삼승(三乘)의 권교(權敎) 보살을 이끌어 이 국토의 더러운 그대로가 곧 정토임을 알게

한 것이다.

라. 변현정토(變現淨土) : 여래의 가피(加被)와 위신력(威神力)으로 변현한 국토이다. 《대반야경(大般若經)》 중에서 석가가 신통력으로 이 대천세계로 하여금 땅이 평평하기가 손바닥 안의 유리와 같이 하였으며, 갖가지 보배로 장엄하고 연꽃이 땅에 가득하게 하였다. 이것은 비록 여래께서 잠시 변현한 것이지만, 또한 예토의 본래 모습이 곧 정토임을 보인 것이다.

마. 기보정토(寄報淨土) : 《기신론(起信論)》에서 말하기를, "보살의 공덕이 완전하고 만족하면 색구경천(色究竟天)의 모든 것 중에서 가장 큰 몸을 시현한다"고 했으니, 이것은 **보처보살**(補處菩薩: 부처님이 입멸入滅하신 뒤에 그 자리를 보충할 보살)이 장차 성불하기 전에 거기서 잠시 머무는 곳이므로 기보정토라 부른다.

바. 분신정토(分身淨土) : 《열반경(涅槃經)》에서 부처님이 앙굴에게 말씀하시기를, "나는 무생(無生)에 주(住)하고 있으나, 너는 알지 못한다. 동방에 부처님이 계시니 가서 물어보라" 하니, 저 부처님이 말씀하시기를, "석가가 곧 나의 몸이다" 하였다. 그러므로 부처님의 법신은 무생에 주하고 있으면서 동방에 분신불이 되었음을 알 수 있다.

사. 의타정토(依他淨土) : 《범망경(梵網經)》에, "나 노사나

(盧舍那)가 바야흐로 연화대에 앉으려고 할 때 천 송이 꽃을 빙 둘러 천 석가(釋迦)가 나타났으니, 하나의 꽃에 백억의 국토요 하나의 국토에 하나의 석가였다"라고 하였다. 이곳은 **타수용보신**(他受用報身: 다른 이로 하여금 그 법락法樂을 수용케 하기 위하여 나타낸 부처님의 몸)**의 국토로서, 오직 등지**(等地: 보살의 수행계위 중 초지 이상을 말함)**보살만** 이 이를 능히 볼 수 있다.

아. 제방정토(諸方淨土) : 예컨대 동방에는 아촉(阿閦)·약사(藥師)·수미등왕(須彌燈王) 등의 부처님이 계시고, 남방에는 명등(明燈)이며, 상방에는 향적(香積)이 계신다. 이와 같은 부처님들께서 제각기 정토가 있으니, 모두 넓고 장엄하며 먼지와 때가 끊어진 곳이다.

자. 일심 사종정토(一心四種淨土) : 국토는 마음을 의지하여 나타나는 것이므로 제각기 같지 않다. 공력(功力)을 증득함에 따라 4종으로 나눈다.

1) **범성동거정토(凡聖同居淨土) :** 이승(二乘)과 인천(人天)이 함께 살고 있는 국토이다. 여기에 예토와 정토 두 가지가 있으니, 사바세계는 동거예토요, 극락은 동거정토다.

2) **방편유여정토(方便有餘淨土) : 견**[見: 우주의 진리를 바로 알지 못하는 미혹], **사**[思: 낱낱 사물에 대한 진상을 알지 못하는 미혹]**의 번뇌를 끊고 삼계에서 벗어난 소승인**

이 태어나는 곳이다. 방편도를 닦으므로 해서 견, 사의 번뇌를 끊었으므로 '방편'이라 하고, 진사(塵沙: 보살이 자유자재로 교화하는데 장애가 되는 미혹)와 무명(無明: 무명과 비공비유非空非有를 알지 못하여 중도中道에 대하여 미혹한 번뇌)의 두 가지 번뇌는 아직 끊지 못했으므로 '유여(有餘)'라고 말한다.

3) **실보무장애토(實報無障碍土)**: 순전히 보살들만 살고 있는 국토이다. 진실한 법을 닦으므로 해서 수승한 과보를 얻어서 색(色)과 심(心)이 서로 장애되지 않으므로 '무장애(無障碍)'라고 부른다.

4) **상적광토(常寂光土)** : 부처님이 계시는 국토로서 곧 대열반(大涅槃) 경계이다. 성체(性體)가 항상 고요하여 영원히 지혜광명의 경계에 주하므로 '상적광(常寂光)'이라 하는 것이다.

차. 섭수시방유정불가사의정토(攝受十方有情不可思議淨土 시방유정을 섭수하는 불가사의정토) : 아미타불의 극락정토(極樂淨土)를 말한다. 그러나 사실은 시방의 모든 불토(佛土)를 모두 이렇게 부를 수도 있다. 모두 시방의 유정을 섭수하며, 그 작용도 모두 불가사의하기 때문이다.

이상의 열 가지 국토는 다르기도 하고 같은 곳이기도 하다. 이것들이 모두 일심에서 변현한 것이므로 제방정토와 같은 곳이며, 또한 섭수유정불가사의정토이기도 하

며, 이것이 곧 동거·방편·실보·적광 네 가지 국토이며, 이것이 또한 의타정토 등등이어서, 모두 그 뜻에 따라 이름을 세운 것일 뿐이니, 굳이 이름에 집착할 일은 아니다.

그 가운데 우리들과 가장 밀접한 관계가 있는 것은 섭수유정불가사의정토로서, 우리들이 힘을 기울여 집중해야 할 목표도 또한 이곳이다. 진실로 이 정토만 안다면 그 나머지 정토는 천천히 이해해도 늦지 않다.

거대하고 오래된 성불학교成佛學校

서방정토는 거대한 학교이니 아미타불께서 시방중생을 접인하여
그곳에 가서 배우게 하시고 음식이나 의식을 공급하신다.
학비를 낼 필요도 없고 햇수도 한정이 없다.
그곳은 가없이 넓고 크며 아득한 옛날에 건립된 곳이다.
그 학교에 들어간 자는 어떤 근기를 막론하고
무생법인無生法忍을 증득할 때 제1차 졸업을 하게 된다.
어떤 자는 그곳에서 수업을 받게 되고, 어떤 경우에는 다른
곳으로 가서 교화를 받게 되지만 그의 원은 달라지지 않는다.
이로부터 십주十住, 십행十行, 십회향十回向 등 삼현三賢의
지위를 원만히 한 후에 초지初地에 들어갔을 때 제2차 졸업을
하게 된다. 다시 초지로부터 등각等覺에 이르러 묘각妙覺의
과해果海에 들어갔을 때 제3차 졸업을 하게 된다.
-방륜方倫의 '정법개술淨法概述'

二. 극락의 윤곽

[극락국은 안락국安樂國이라고도 하며, 안양국安養國이라고도 한다]

1. 의정장엄(依正莊嚴)

《무량수경》에 의하면, 아미타불이 처음 비구였을 때 그의 이름은 법장(法藏)이었다. 법장 비구는 중생들을 제도하고 불토를 장엄하려는 목표를 세우고 일찍이 세자재왕불(世自在王佛)에게 도움을 청하였다.

세자재왕불은 그를 위하여 이백십억 제불국토 내의 갖가지 모습을 널리 설해 주시고, 아울러 그 세계를 나타내어 보여주시면서 이를 기본으로 하여 창조할 때 참고로 삼도록 하였다.

법장 비구는 수많은 불토를 다 듣고 본 후에 비로소 국토를 창조할 생각을 하고 깊이 5겁 동안 사유하고 섭취한 후에 이윽고 극락세계를 이룩하였다.

시방세계의 건립은 모두 중생의 공업(共業)으로 이루어진 것이요, 유식(唯識)으로 나타난 것이어서 인연에 의하

여 의탁하지 않은 것이 없다. 그러므로 비록 바깥 경계인 것 같으나 바로 일심으로 돌아가고 마는 것이다.

극락국토는 아미타불이 청정한 팔식(八識)으로 이룩한 정토로서, 만약 중생이 일심으로 염불하면 정념(正念)이 부처님의 정식(淨識) 중에 투입되는 것이다.

예컨대, 한 그릇의 물을 바다에 부으면 바닷물과 서로 섞여 몇 방울의 물이 큰 물결이 되는 것과 같다. 그러므로 그 국토에 태어나는 자는 의(依)·정(正)장엄이 겹겹으로 다함이 없다.

그러면 어떻게 5겁 동안 사유하고 섭취했을까?
우선 보배나무를 예로 든다면, 법장 비구가 정신을 가다듬고 뜻을 바로 하여 아득히 한 물건도 없는 허공 속에 한 그루의 보배나무를 생각하였는데, 밑동은 금이요, 줄기는 은이요, 가지는 유리와 수정이요, 잎은 산호요, 꽃은 마노요, 열매는 자거였다. 이와 같이 생각하는 것을 '사유(思惟)'라고 한다.

사유를 마친 후에 이 일념을 잡아 놓지 않으면 이 한 그루의 나무는 영원히 존재하는 것이요, 다시 생각하기를 이것이 소리를 내었으면 하고 생각하면 곧 소리가 나고, 꽃이 피었으면 하고 생각하면 금방 꽃이 피고 열매를 맺었으면 하고 생각하면 금방 열매를 맺으니, 이와 같은 불가사의한 힘을 '섭취(攝取)'라고 한다.

십계(十界) 중에 부처님만이 이것을 불안(佛眼)으로 관찰하시고 그것들이 모두 허환(虛幻)하여 진실한 것이 아닌 줄 아시는 것 밖에, 구계중생(九界衆生: 지옥 아귀 축생 아수라 인간 천상 성문 연각 보살)이 이것을 보면 그것이 분명한 한 그루 보배나무인 줄로 알아서, 보면 모양이 있고, 들으면 소리가 있으며, 냄새를 맡으면 향기가 있고, 맛을 보면 맛이 있으며, 만져보면 촉감이 있고, 생각하기에도 분명한 하나의 물건이니, 이와 같이 한 그루의 보배나무가 만들어진 것이다.

이상은 한 예를 든 것에 불과하지만, 극락국토 중의 위로는 하늘과 아래로 땅에 이르는 모든 천태만상의 물건이 그 연원을 살펴보면 모두 이와 비슷한 경우이다.

이와 같이 법장 비구가 정토를 사유하고 섭취하여 중생을 제도하기 위한 도량을 만들기에 온 정성을 기울여 5겁 동안에 이른 것이 지금의 극락세계이며, 또한 우리들이 다음에 돌아가서 쉴 곳이니, 이 하나만 보더라도 아미타불이 얼마만한 자비(慈悲)가 있는 분인가를 알 수 있다.

불교학에서는 신체를 정보(正報)라고 하고, 환경상의 모든 사물을 의보(依報)라고 하는데, 극락국의 의보나 정보의 거룩함은 《정토삼부경》에서 대략 보인 바 있다. 다만 이 삼경(三經)에서 설한 것은 바다 속의 한 방울 물에 불과하니 만약 자세히 설하려 한다면 겁이 다 하도록

설하더라도 다하지 못한다.

매사는 천 번 듣느니 보다 한 번 보는 것이 더 낫다. 정토행자(淨土行者)가 만약 일심으로 염불하여 장차 왕생한 후에 몸소 그 경계를 경험하면 자연히 일목요연하게 알 수 있을 것이다. 그렇지 않으면 요즘 사람들이 과거의 역사를 읽고 당시의 인물이나 사실을 상상하는 것에 불과하니, 결국 구두 위로 가려운 곳을 긁는 것이나 다름없다.

여기서는 우선 경에서 설한 것에 의하여 극락국의 장엄을 아래와 같이 개술한다.

가. 극락국의 정보장엄(正報莊嚴)
- 중생세간청정(衆生世間淸淨)

몸이 단엄(端嚴)하다	이 나라의 백성은 몸이 모두 진금색(眞金色)이며 32상을 갖추었다. 용모가 서로 같아서 곱고 미움이 없고 용색(容色)이 미묘하여 모두 자연의 몸과 무극(無極)의 몸을 받았다. 서방삼성(西方三聖)의 단엄한 몸은 글로써 이루 다 설하지 못한다. 《관무량수경》을 보면 알 수 있다.
수명이 무한하다	수명이 무량무변하다. 그 본원(本願) 외에도 길고 짧기가 자재하다.
육신통을 갖추었다	모두 천안(天眼)·천이(天耳)·타심(他心)·숙명(宿命)·신족(神足) 등의 모든 신통을 얻었다. 만약 아라한이면 누진(漏盡)을 겸하였다.
항상 정정(正定)에 주한다	항상 정정취(正定聚)에 주한다.
악도(惡道)에 떨어지지 않는다	이 나라에 태어나는 자는 다시는 삼악도(三惡道)에 떨어지지 않는다.
연화(蓮花)에 화생(化生)한다	이 나라의 백성은 모두 칠보로 된 연못 속의 연화에 화생하며, 아울러 남녀의 애욕과 태(胎)로 태어나는 등의 일이 없다.
즐거움이 누진(漏盡)과 같다	몸과 마음이 안락하여 번뇌가 다한 비구와 같다.

불선(不善)의 이름이 없다	이 나라는 불선의 이름이 없는데, 하물며 그 실상이 있겠는가?
도심(道心)이 물러가지 않는다	이 나라에 태어나는 자는 모두 아비발치[불퇴위不退位]로서, 무상도(無上道)에서 물러나지 아니하며 용맹 정진하여 바로 성불(成佛)에 이른다.
지혜와 변재를 갖추었다	경법(經法)을 수지 독송하여 지혜와 변재를 갖추었다.
무생인(無生忍)을 얻는다	무생법인(無生法忍)인 깊은 총지법(總持法)을 얻는다.
위력(威力)이 자재하다	성문과 보살이 신통을 통달하고 위신력이 자재하여, 능히 손바닥 안에 일체세계를 담을 수 있다.
신광(身光)이 빛난다	성문(聲聞) 대중은 신광이 한 길이요, 보살은 광명이 백 유순과 내지 삼천대천세계를 비춘다.
성문(聲聞)과 보살의 수가 한량없다	이 부처님의 처음 법회에 모인 성문 대중의 수는 이루 헤아릴 수 없었으며, 보살도 그러하였다. 부처님이 아난에게 말씀하시기를, "목건련과 같은 자가 백천만억 나유타 겁에 저 처음 법회의 성문과 보살의 수를 헤아리더라도 아는 수는 겨우 한 방울 물과 같고, 알지 못하는 자는 바다의 물과 같다."라고 하였다.
보처(補處)가 매우 많다	극락국토에 중생으로 태어나는 자는 모두 아비발치이니, 그 가운데 일생보처(一生補處)인 자가 한량없어서 그 수를 능히 헤아리지 못한다.

나. 의보장엄(依報莊嚴)
- 기세간청정(器世間清淨)

국토가 평탄하다	온 국토가 평탄하며 깨끗하여 한 티끌도 없다. 수미산과 금강으로 된 일체 산이 없으며, 큰 바다 · 계곡 · 도랑 · 우물 · 골짜기 등이 없다.
칠보로 땅이 되었다	이 불국토는 유리로 땅이 되었고, 칠보(七寶)가 섞여 있어서 안과 밖이 환히 보인다. 아래는 금강칠보의 금당(金幢)이 유리의 땅을 떠받치고 있는데, 그 당은 팔방에 8모가 졌으며 낱낱 면이 팔보(八寶)로 이루어졌고, 낱낱의 보주(寶珠)에 천의 광명과 팔만사천의 빛깔이 있어서 유리의 땅에 비치는데, 이는 마치 억 천의 해와 같다. 유리로 된 땅 위에는 황금의 밧줄이 얼기설기 설치되어 있고, 칠보의 세계로 그 경계가 분명하며, 끝없이 넓어서 그 한계를 지을 수 없다. 이와 같이 미묘 화려하고 청정장엄하다.
기후가 온화 하다	기후는 춥지도 덥지도 않고 늘 적당하며, 춘하추동이 없다.
그물이 공중에 걸려 있다	한량없는 금망(金網)이 불토를 덮고 있는데 모두 금과 진주와 백천 가지 잡보(雜寶)가 기묘진기하게 장식되었다. 또한 사면을 빙 둘러 보배 방울이 달려있는데, 광채가 휘황하고 지극히 화려하다. 미풍이 불면 한량없는 법음(法音)을 연설하여 이 소리를 듣는 중생은 자연히 모두 불(佛)을 염(念)하고 법(法)을 염하고 승(僧)을 염할 생각을 내게 된다.

육시(六時)에 꽃비가 내린다	주야 육시에 만다라화가 비 내리듯 하는데, 미풍이 불면 온 국토에 부드러운 향기가 날리며, 발로 그 위를 밟으면 네 치나 발이 푹 빠지며, 발을 들면 원상태로 된다. 이런 일이 끝나면 대지가 다시 청정해지며 이렇게 여섯 번을 반복한다.
보련(寶蓮)이 충만하다	보배와 같은 연꽃이 온 세계에 가득한데 낱낱의 보화(寶華)에 백천 억의 꽃잎이 있어서 그 꽃의 광명이 한량없는 빛깔로 빛난다. 청색의 꽃에는 푸른 광명이 빛나고, 백색의 꽃에는 백색의 광명이 빛나고, 검고 누르고 주황 붉은 색의 꽃에는 제각기 광명이 찬란하여 밝기가 해와 달보다 더하다.
화신불(化身佛)이 법을 설한다	낱낱의 보련화(寶蓮花) 속에서 삼십 육백 천억의 광명이 뻗어 나오고, 그 낱낱의 광명 속에서 삼십 육백 천억의 부처님이 나오시는데, 몸은 자금색이요 상호도 특이하시다. 낱낱의 제불이 또한 백천 광명을 놓으시며 널리 시방을 위하여 미묘법을 연설하신다.
부처님 도량의 나무	아미타불 도량의 나무는 여러 가지 보배로 합성하여 만들어졌는데, 월광마니(月光摩尼)와 지해륜보(持海輪寶)로 장엄하였다. 그러나 나뭇가지마다 보배영락이 드리워졌는데, 백천만 빛깔이 갖가지로 변한다. 그 위에 진기한 묘보(妙寶)의 그물이 덮고 있는데, 모든 장엄이 비치는 대로 드러난다.
보수(寶樹)가 소리를 낸다	칠보의 모든 나무들이 온 세계에 가득한데, 한 보배만으로 된 것도 있고 혹은 두 가지 보배 · 세 가지 보배와 내지 일곱 가지 보배로 합성된 것도 있다. 줄을 똑바로 서서 서로 바라보며, 줄기와 가지와 잎과 꽃잎이 가지런하고 아름다운 색이 찬란하여 제대로 쳐다볼 수가 없다. 맑은 바람이 천천히

	불어오면 다섯 가지 음성을 내는데 미묘한 음성이 자연히 서로 화합하여 그 소리의 아름다움은 제육천왕(第六天王)의 만 가지 음악보다 천억 배나 더 하다. 한량없는 묘법음성을 연출하니 그 소리를 듣는 자는 깊은 법인(法印)을 얻어 불퇴전에 주하며, 마침내 불도를 이루어 이근(耳根)이 매우 깨끗하여 고통을 느끼지 않는다. 또한 눈으로 그 모양을 보며 코로 그 향기를 맡으며 입으로 그 맛을 맛보며 몸에 그 광명을 접촉하며, 마음에 법을 반연하면 모두 깊은 법인을 얻어 불퇴전에 주(住)하며 마침내 불도를 이루어 제근(諸根)이 청결하여 모든 번뇌가 없다.
만물이 아름답다	일체 만물이 깨끗하고 화려하며 모양이 기이하고 지극히 미묘하여 능히 표현할 길이 없다.
삼악도(三惡道)가 없다	지옥 · 아귀 · 축생의 모든 악취(惡趣)가 없다.
궁전이 장엄하다	강당과 정사와 궁전과 누관(樓觀)과 사택이 모두 칠보로 장엄하였고, 자연히 만들어졌다. 다시 진주와 명월마니(明月摩尼) 등의 여러 가지 보배가 서로 섞여 그 위를 덮고 있다. 그리고 살고 있는 사택과 궁전과 누각(樓閣)이 그 모양과 높이와 크기에 맞게 어떤 것은 한 가지 보배로 장엄하였으며, 두 가지 보배와 내지 무량한 갖가지 보배로 장엄하였으며, 마음먹은 대로 생각만 하면 금방 생긴다.
국토가 청정하다	국토가 청정하여 시방의 모든 무량무수 불가사의 제불세계를 모두 비추어 볼 수 있다. 마치 밝은 거울에 얼굴을 비춰 보는 것과 같다.

욕지(浴池)가 향기롭고 깨끗하다	모든 욕지에 팔공덕수(八功德水)가 찰랑찰랑 넘치고 깨끗하고 향기로워 맛이 감로와 같다. 황금의 못에는 백은(白銀)의 모래가 깔려 있고, 백은의 못에는 황금의 모래가 깔려 있으며, 수정 못에는 유리 모래가, 유리 못에는 수정 모래가 깔려 있고, 산호 못에는 호박 모래가, 호박 못에는 산호 모래가 깔려 있으며, 자거 못에는 마노가, 마노 못에는 자거 모래가 깔려 있고, 백옥 못에는 자금(紫金) 모래가, 자금 못에는 백옥 모래가 깔려 있으며, 어떤 것에는 두세 가지 보배 내지 일곱 가지 보배가 합성된 것도 있다.
못의 물이 마음먹은 대로 된다	이 나라의 백성이 만약 보배연못에 들어가서 마음속으로 물이 발을 적셨으면 하고 생각하면 곧 물이 발을 적시고, 무릎까지 찼으면 하고 생각하면 금방 무릎까지 차며, 허리·목 등 원하는 대로 물이 차오르며, 온몸을 씻은 후 처음과 같이 되었으면 하더라도 마음먹은 대로 되며 차고 따뜻하기가 적당하여 자연히 마음먹은 대로 되어 정신과 몸이 상쾌하여 마음의 때가 씻긴다. 또 잔잔한 물이 일 때마다 미묘한 소리를 내는데, 혹은 불성(佛聲)·법성·승성을 내기도 하며 어떤 때는 적정성(寂靜聲)·공무아성(空無我聲)·대자비성(大慈悲聲)·바라밀성(波羅密聲)을 내어 듣는 대로 환희하기가 한량없다.
향기가 널리 퍼진다	땅에서부터 허공에 이르기까지 궁전과 누각과 못·꽃·나무 등 일체 만물이 모두 무량한 잡보(雜寶)와 백천 종류의 향으로 합성되었으며, 장식이 기묘하기가 모든 천인(天人)의 것을 초월하였다. 또한 그 향기가 널리 시방세계까지 퍼져 이 향기를 맡는 보살은 모두 부처님의 수행을 닦게 된다.

음식이 정결하다	이 나라 백성이 살고 있는 궁전과 의복 · 음식과 갖가지 꽃과 향의 장엄구는 제육천(第六天)의 것보다 훌륭하다. 만약 음식을 먹고 싶을 때는 칠보의 그릇이 자연히 앞에 놓이며, 여러 가지 맛의 음식이 저절로 가득하다. 비록 이러한 음식이 있으나 실제로 먹는 사람은 없다. 그저 모양을 보거나 냄새를 맡으며 음식을 먹는다는 생각만 하여도 자연히 배가 부르다. 이런 일이 끝나면 저절로 치워지며 때가 되면 다시 나타난다.
법복(法服)이 뜻대로 된다	이 나라 사람의 의복은 생각하는 대로 금방 이르니, 부처님이 칭찬하신 법에 응하는 미묘한 옷이 저절로 몸에 입혀진다. 그리고 꿰매거나 다림질 하거나 물들이거나 세탁할 필요가 없다.
화조(化鳥)가 법을 연설한다	아미타불이 항상 갖가지 기묘한 잡색의 새를 화작(化作)하시니 백학 · 공작 · 앵무 · 사리 · 가릉빙가 · 물오리 · 기러기 · 원앙 등이다. 이런 새들은 밤낮으로 온종일 화아(和雅)한 음성으로 오근(五根) · 오력(五力) · 칠보리분(七菩提分) · 팔성도(八聖道) 등 법을 연창하는데, 이 소리를 듣는 자는 모두 부처님과 부처님의 가르침과 스님들을 생각하게 된다.

2. 사십팔원(四十八願)

이상과 같이 아미타불이 법장비구였을 때 청정불토를 섭취(攝取)한 후에 다시 세자재왕불 앞에 나아가서 마흔 여덟 가지의 중생을 제도할 큰 원을 발하였다.

원문이 자못 복잡하여 여기서는 모두 수록하지는 못한다. 만약 전문을 보고자 하면 《무량수경》을 읽어보면 스스로 알 수 있을 것이다. 여기서는 그 중에서 중요한 것과 우리들과 밀접한 관계가 있는 것을 가려 뽑아서 정법행자가 보고 수행에 힘쓰게 하였다.

이를 보면 부처님의 은덕이 얼마나 광대한가를 알 수 있을 것이니, 어찌 힘써 정진하지 않겠는가?

원의 차례	원문(願文)의 적요	《무량수경》의 중의 원문(願文)
1	나라 가운데 삼악도가 없기를 바라는 원	설사 내가 부처가 되더라도 나라 가운데 지옥 · 아귀 · 축생이 있으면 정각(正覺)을 이루지 않겠나이다.
2	그 나라 사람이 목숨을 마친 후에 삼악도에 떨어지지 않기를 바라는 원	비록 내가 부처가 되더라도 이 나라의 천인(天人)이 목숨을 다 한 후에 다시 삼악도에 떨어지는 자가 있으면 정각을 이루지 않겠나이다.

3	그 나라 사람의 몸이 모두 금색이기를 바라는 원	설사 내가 부처가 되더라도 그 나라의 천인이 모두 진금색이 아니면 정각을 이루지 않겠나이다.
4	그 나라 사람의 형색이 모두 같아서 잘나고 못난 이가 없기를 바라는 원	설사 내가 부처가 될지라도 그 나라의 천인이 형색이 같지 않아서 잘나거나 못난 이가 있으면 정각을 이루지 않겠나이다.
5	그 나라 사람들이 모두 숙명통(宿命通)을 얻기를 바라는 원	설사 내가 부처가 될지라도 그 나라의 천인이 숙명을 알지 못하고 아래로 백천억 나유타 제겁(諸劫)의 일만을 아는데 그치면 정각을 이루지 않겠나이다.
6	그 나라 사람들이 모두 천안통(天眼通)을 얻기를 바라는 원	설사 내가 부처가 될지라도 그 나라의 천인이 천안을 얻지 못하고 아래로 백천억 나유타 제불국토를 보는데 그치면 정각을 이루지 않겠나이다.
7	그 나라 사람들이 모두 천이통(天耳通)을 얻기를 바라는 원	설사 내가 부처가 될지라도 그 나라의 천인이 천이를 얻지 못하고 아래로 백 천억 나유타 제불께서 설하신 법을 듣는데 그치고 모두 수지(受持)하지 못하면 정각을 이루지 않겠나이다.
8	그 나라 사람들이 모두 타심통(他心通)을 얻기를 바라는 원	설사 내가 부처가 될지라도 그 나라의 천인이 타심을 보는 지혜를 얻지 못하고 아래로 백 천억 나유타 제불국토 중생의 마음이나 생각을 아는데 그치면 정각을 이루지 않겠나이다.

9	그 나라 사람들이 모두 신족통(神足通)을 얻기를 바라는 원	설사 내가 부처가 될지라도 그 나라의 천인이 신족을 얻지 못하여 잠깐 사이에 백천억 나유타 제불국토를 초과하지 못하면 정각을 이루지 않겠나이다.
15	그 나라 사람의 수명이 무량하며 길고 짧기가 자재하기를 바라는 원	설사 내가 부처가 될지라도 그 나라의 천인이 수명이 능히 한량이 없으며 그 본원 외에도 길고 짧기가 자재하여지이다. 그렇지 못하면 정각을 이루지 않겠나이다.
18	시방 중생이 십념(十念)만 하더라도 반드시 이 나라에 태어나기를 바라는 원	설사 내가 부처가 될지라도 시방 중생이 지극한 마음으로 믿고 즐거워하여 나의 나라에 태어나고자 하면 십념(十念)만 하고서도 만약 태어나지 못한다면 정각을 이루지 않겠나이다.
19	시방중생이 발원하여 이 나라에 태어나고자 하면 임종 시에 반드시 와서 접인(接引)하려는 원	설사 내가 부처가 될지라도 시방중생이 보리심을 발하고 모든 공덕을 닦아 지극한 마음으로 발원하여 나의 나라에 태어나고자 하면 목숨이 다할 때 만약 대중과 위요(圍繞)하여 그 사람 앞에 나타나지 않으면 정각을 이루지 않겠나이다.
20	시방중생이 회향한 공덕으로 반드시 나의 나라에 왕생하기를 바라는 원	설사 내가 부처가 될지라도 시방 중생이 내 이름을 듣거나 나의 나라를 생각하여 중덕본(衆德本)을 심어 지극한 마음으로 회향하며 나의 나라에 태어나고자 하다가 원을 이루지 못하면 정각을 이루지 않겠나이다.

21	그 나라 사람이 모두 32상(相)을 갖추기를 바라는 원	설사 내가 부처가 될지라도 그 나라의 천인이 모두 서른두 가지 대인상(大人相)을 갖추지 못하면 정각을 이루지 않겠나이다.
27	그 나라의 만물이 장엄하고 화려하여 그 수가 한량없기를 바라는 원	설사 내가 부처가 될지라도 그 나라 천인의 일체만물이 장엄하고 화려하며 형색이 수특하고 지극히 미묘하여 능히 그 수를 헤아릴 수 없으리니, 만약 천안통을 얻어 능히 명료히 그 이름과 수를 분별할 수 있으면 정각을 이루지 않겠나이다.
31	국토가 청정하여 모든 세계를 비춰 볼 수 있기를 바라는 원	설사 내가 부처가 될지라도 국토가 청정하여 시방의 모든 무량무수 불가사의 제불세계를 조견(照見)하기를 마치 밝은 거울에 얼굴을 비춰 볼 수 있는 것과 같이 하여지이다. 만약 그렇지 못하면 정각을 이루지 않겠나이다.
32	온갖 보배로 이루어진 궁전의 향기가 널리 퍼지기를 바라는 원	설사 내가 부처가 될지라도 시방 중생이 이 땅에서부터 허공에 이르기까지 궁전과 누관과 연못 · 꽃 · 나무 등 국토에 있는 일체만물이 모두 온갖 보배와 백천 가지의 향으로 합성하여, 장엄하고 기묘하기가 모든 천인의 것을 초월하되 그 향기가 널리 시방세계에까지 퍼져서 이 향기를 맡는 보살은 모두 불행(佛行)을 닦아지이다. 만약 이와 같지 못하면 정각을 이루지 않겠나이다.

34	시방 중생이 이름을 듣고 무생법인(無生法忍) 얻기를 바라는 원	설사 내가 부처가 될지라도 시방의 한량없는 불가사의 제불세계의 중생들이 나의 이름을 듣고 보살의 무생법인(無生法忍)과 총지법(總持法)을 얻지 못하면 정각을 이루지 않겠나이다.
35	이름을 듣고 환희하여 여자가 남자의 몸으로 변하기를 바라는 원	설사 내가 부처가 될지라도 시방의 한량없는 불가사의 제불세계의 여인들이 나의 이름을 듣고 기뻐하고 믿고 즐거워하며 보리심을 발하여 여자의 몸을 싫어하다가 수명이 다한 후에도 다시 여자의 몸을 받는다면 정각을 이루지 않겠나이다.
38	그 나라 사람의 의복이 생각에 따라 이르며 짓거나 물들이거나 빨래할 필요가 없기를 바라는 원	설사 내가 부처가 될지라도 그 나라의 천인이 의복을 얻고자하면 생각하는 대로 금방 이르러, 부처님이 칭찬하신 법에 응하는 묘복(妙服)과 같이 자연히 몸에 입혀지며 옷을 지어야 하거나 꿰매거나 두드리며 물들이고 세탁해야 한다면 정각을 이루지 않겠나이다.
39	그 나라 사람의 즐거움이 누진(漏盡)과 같기를 바라는 원	설사 내가 부처가 될지라도 그 나라의 천인이 받는 쾌락이 번뇌를 다한 비구와 같지 않으면 정각을 이루지 않겠나이다.

이상 21원은 모두 우리들과 밀접한 관계가 있는 것들이요, 그밖에 보살들을 접인하는 원은 우리들이 당장 필요

한 것이 아니므로 여기서는 적지 않는다. 만약 자세한 것을 알고 싶으면 《무량수경》을 보면 그 전모를 알 수 있다. 모든 원(願)의 끝에 매번, “만약 무엇 무엇을 하지 못하면 정각을 이루지 않겠나이다”라고 한 글이 있는데, “정각을 이루지 않겠나이다” 한 것은 곧 성불하지 않겠다는 뜻이다.

다만 아미타불이 성불한 지 이미 십겁이 지났으니, 48대원 중에 모든 원을 이미 이루었음을 알 수 있다. 만약 이루지 못했다면 법장 비구가 성불하기를 원치 않았기 때문이다.

세상의 선인들도 한 번 말한 것은 반드시 신의를 지키는 법인데, 어찌 만행이 구족하고 복혜(福慧)가 원만하신 부처님께서 스스로 식언(食言)하고 행동에 옮기지 않았다고 생각하랴!

만약 이와 같다면 저가 무슨 면목으로 시방의 제불보살을 뵐 수 있으며, 시방의 일체중생을 볼 수 있으랴! 또한 무슨 자격이 있어서 천인사·불·세존이라는 이름을 들을 수 있을 것이며, 사람들이 오체투지하여 예배하고 공양 찬탄함을 받을 수 있으랴!

이렇게 생각해 보면 우리는, 저 부처님께서 48대원을 실현했다는 문제에 대해서는 다시 의심할 여지가 없을 것이다. 다만 위에서 서술한 여러 가지 원을 당연히 부

처님께서 책임져야할 것이나, 오직 第18·19·20의 세 가지 원(願)만은 행자와 부처님께서 함께 책임져야 할 문제이다. 제18원은 수행인이 저의 명호를 부르되 십념(十念) 이상이 되면 저 부처님이 여기에 책임을 져야 할 것이요, 그렇지 못했으면 저는 책임이 없다.

제19원은 수행인이 만약 일찍이 발원하여 그 나라에 태어나고자 했으면 저 부처님이 여기에 책임을 져야 할 것이요 그렇지 못했으면 책임을 지지 않는다.

제20원은 수행인이 공덕을 얻을만한 복보를 지어 이것을 회향하여 서방에 왕생하기를 바랐다면 저 부처님이 여기에 책임을 져야 할 것이요, 그렇지 못했으면 책임이 없다.

그러므로 이 세 가지 원(願)의 책임은 수행자와 부처님께서 동시에 져야 한다고 말한 것이다.

우리들이 만약 힘써 행하여 첫째, 이미 부처님의 명호를 염(念)했으며, 둘째, 이미 극락에 왕생할 원을 발했으며, 셋째, 이미 공덕을 회향하여 그 나라에 태어나기를 바랐다면, 우리 쪽에서 응당 해야 할 일은 이미 모두 마쳤다고 할 것이요, 다른 쪽의 책임은 당연히 아미타불 단독의 것이다.

저[아미타불]가 만약 우리들이 목숨을 다할 때 영접하지

않거나 극락세계에 왕생하지 않고 여전히 육도윤회 속에 내팽개쳐 둔다면, 저는 성불할 자격도 없고 '접인도사(接引導師)'라고 할 수도 없을 것이요, 아울러 석가모니불이 설하신 《정토삼부경》마저도 모두 큰 속임수와 큰 망어로 전락하고 말 것이다. 당연히 저 두 분 부처님의 도덕과 지위로서는 절대 이와 같은 일은 없을 것이다.

그러므로 비록 우리들이 어리석기가 짐승 같아서 청정법안(清淨法眼)을 갖추지는 못했으나 두 분 과인(果人)께서 발원한 원과 설한 말씀만으로 충분히 믿을 수 있는 것이다. 하물며 불법에 약간의 지식이라도 있는 자는 이 한 가지 염불법문에 깊은 작용과 깊은 도리가 함유되어 있어서, 절대 어린애가 책을 읽듯이 그저 입으로만 지껄이는 것과는 같지 않을 줄을 분명히 알 수 있을 것이다.

3. 삼위(三位)의 염불행태

염불하는 중생은 그 지혜와 공덕이 같지 않으나, 삼장(三藏)을 통달한 대덕은 물론이요 콩과 보리를 구별하지 못하는 어리석은 자라도 의심하지 않고 일심으로 염불하기만 하면 모두 능히 왕생하여 한 사람도 빠뜨리는 일이 없다.

이것은 자력(自力)에만 의지한다면 절대 이 같은 효과가 없을 것이나, 부처님의 힘을 우러러 의지하므로 모두 왕생할 수 있는 것이다. 다만 태어나는 것은 태어나는 것이지만, 품위에 높고 낮은 차별이 있다. 대본(大本)에는 겨우 삼위만 나누었을 뿐이나 《관경》에서 설한 것은 차이가 있다.

요약해서 말하면, **상위 삼품은** 출가하여 세속을 여의었거나 대승을 독송하여 제일의[第一義: 가장 수승하고 진실한 도리]를 알고 공덕을 닦은 이가 보리심을 발하여 왕생을 구하는 것이요, **중위 삼품은** 계율을 받들어 지키거나 공덕을 회향하여 효순한 마음으로 부모를 봉양하고 세상에 인자(仁慈)를 행하며 부처님 명호를 부르는 것에 전념한 이가 보리심을 발하여 왕생을 구하는 것이요, **하위 삼품은** 죄를 짓고 계율을 어겼다가 나중에 참회하며 용맹하게 십념(十念)을 하는 이가 보리심을 발하여 왕생을 구하는 경우이다.

이것은 《관무량수경》에 있는 구품왕생(九品往生)의 형태를 근거로 한 것이니, 아래와 같이 표시하여 보기에 편리하게 하려 한다.

삼위구품(三位九品)의 왕생형태 표

품위	생전의 거동	임종의 정경	저 국토에 왕생한 후의 상황
상품상생	자비한 마음으로 살생하지 않고 모든 계행을 갖추었으며, 대승경전을 독송하고 육념[六念: 염불(念佛)·염법(念法)·염승(念僧)·염계(念戒)·염시(念施)·염천(念天)]을 수행하여 회향발원 하되, 저 국토에 왕생하기를 원하였다. 이러한 공덕을 갖추기를 하루나 7일 동안 하였다.	아미타불과 관음세지와 아울러 화불성중(化佛聖衆)이 금강대(金剛臺)를 들고 행자의 앞에 이르면 부처님은 광명을 놓아 행자의 몸을 비추시고 모든 보살과 함께 손을 뻗어 영접하며 공덕을 찬탄하고 그 마음을 위로한다. 행자는 환희하며 금강대를 타고 부처님 뒤를 따라 잠깐 사이에 극락국토에 왕생한다.	저 국토에 왕생한 후에는 부처님과 모든 보살의 색상(色相)이 구족함을 보고 광명이 나는 보림(寶林)이 설하는 묘법을 들으며 다 듣고 나서는 무생법인을 얻어 잠깐 사이에 두루 시방세계를 돌며 제불을 뵙고 차례로 수기를 얻으며, 본국에 다시 돌아와 무량 대다라니를 얻는다.

상품중생	굳이 방등경전을 수지 독송하지는 않았으나 뜻을 알고 제일의(第一義)에 마음이 놀라지 않으며, 깊이 인과를 믿어 대승을 비방하지 않았다. 이러한 공덕을 회향하여 극락에 왕생하기를 발원하였다.	목숨이 다할 때 아미타불과 관음·세지의 무량한 권속이 위요(圍繞)하여 자금대를 가지고 앞에 이르러 "법자여, 네가 대승을 행하여 제일의를 알았으므로 내가 와서 맞이하노라." 하고 칭찬 하신다. 행자는 자금대(紫金臺)에 앉아 합장하고 부처님을 찬탄하며 잠깐 동안에 저 국토에 왕생한다.	자금대는 큰 보화(寶華)와 같은데, 하루를 자고 나면 벌어져 행자의 몸은 자금색이 된다. 널리 성중이 깊은 제일의제(第一義諦)를 설하는 소리를 듣고 7일 만에 보리도에서 물러가지 않게 된다. 그때 사방을 비행하여 제불께 예배하고 모든 삼매를 닦아 1겁만에 **무생인(無生忍)**을 얻어 현전에서 수기를 받는다.
상품하생	역시 인과를 믿어 대승을 비방하지는 않았으나 다만 무상도심(無上道心)을 발하여 이러한 공	목숨이 다할 때 아미타불과 관음세지 등 모든 보살과 5백의 화불이 와서 영접하며 "법자여, 네가 무상도심을 발하	하루 낮 하루 밤만에 꽃이 벌어지면 7일 만에 상호를 뵙지만 명료하지는 않고, 21일 후에

상품하생	덕을 회향하여 극락에 왕생하기를 발원 하였다.	므로 내가 와서 너를 영접하노라" 하고 칭찬하신다. 이때 행자가 금연화 앞에 앉으면 꽃이 오므라지며 세존의 뒤를 따라 칠보연못 중에 왕생한다.	야 비로소 분명히 뵐 수 있다. 여러 가지 소리가 법을 설하는 것을 듣고 시방에 유력(遊歷)하여 모든 부처님 앞에서 3소겁을 지나서 백법명문(百法明門)을 얻고 **환희지(歡喜地)**에 주한다.
중품상생	오계와 팔계재를 수지 하였으며, 제계를 수행하고, 오역을 짓지 않아서 그다지 많은 허물이 없었다. 이러한 선근을 회향하여 극락에 왕생하기를 발원 하였다.	목숨이 다할 때 아미타불과 그의 모든 권속이 위요하여 금색 광명을 놓고 그 사람의 처소에 이르러 고 · 공 · 무상 · 무아를 연설하시며 출가를 칭찬하신다. 그때 행자가 마음이 매우 환희하여 연화대에 앉아 장궤하며 부처님께 예배하고 머리를 들지 않는 사이에 극락세계에 왕생한다.	연화가 이윽고 벌어지고 갖가지 소리로 사제(四諦)를 찬탄하는 소리를 듣고 금방 **아라한도와 삼명육통(三明六通)**을 얻고 팔해탈(八海脫)을 구족한다.
중품중생	단 하루 동안이나마 팔계재(八	목숨이 다하려 할 때 아미타불이 모든 권	칠보연못 속의 연꽃 중에 있은

중품중생	戒齋)를 가졌거나 하루 동안이라도 사미계를 가졌거나 하루 동안이라도 구족계를 지녀 위의가 흩어짐이 없었다. 이러한 공덕을 회향하여 극락세계에 왕생하기를 발원하였다.	속과 함께 금색광명을 놓으며 칠보연화를 들고 앞에 이르러, “선남자여, 제불의 가르침을 수순(隨順)하였으므로 내가 와서 너를 영접하노라” 하고 칭찬하신다. 그때 행자가 연화대에 앉으면 연꽃이 오므라지면서 극락세계에 왕생한다.	지 7일 만에 연화가 벌어지면 눈을 뜨고 합장하며 세존을 찬탄하고 법을 듣고 환희하여 **수다원(須陀洹)**을 얻고 반 겁이 지나서 아라한을 얻는다.
중품하생	효순한 마음으로 부모를 봉양하며 세상에 인자(仁慈)를 행하였다.	목숨을 마치려 할 때 선지식이 아미타불 국토의 즐거운 일과 법장 비구의 48원에 대하여 설하시는 것을 만나, 이 법문을 다 듣고 목숨이 다 하면 팔을 구부렸다 펴는 사이에 극락국에 왕생한다.	7일이 지난 후에 관음세지를 만나 법을 듣고 환희하며 **수다원**을 얻고 1소겁을 지나 아라한을 얻는다.
하품상생	비록 방등경전을 비방하지는 않았으나, 많은 악업을 짓고도 참괴함이 없었다.	선지식이 대승 12부경의 이름을 설하는 것을 만나 경전의 이름을 들었기 때문에 극악한 죄업을 제거하고 선지식이 다시	**7·7일이 지나**서 연꽃이 벌어지고 꽃이 벌어질 때 관음·세지가 광명을 놓

하품상생		합장하고 부처님의 명호 부를 것을 가르쳐주어 명호를 불렀으므로 억 겁의 생사 중죄를 멸하였다. 그때 화불과 관음세지가 행자 앞에 이르러 칭찬하며, "선남자여, 네가 부처님 명호를 불렀으므로 모든 죄를 소멸하고 내가 와서 너를 영접하노라"고 하신다. 이때 행자가 환희하며 명이 다한 후에 보련화를 타고 부처님의 뒤를 따라 칠보 연못에 왕생한다.	으시며 이 사람 앞에 머물러 깊고 깊은 12부경을 설하신다. 법을 듣고 믿고 이해하여 **무상도심(無上道心)**을 발하며 12소겁을 지나 백법명문(百法明門)을 구족하고 초지(初地)에 들어간다.
하품중생	오계와 팔계와 구족계를 범하고, 승물을 도적질 하였으며, 부정(不淨)을 설법하고도 부끄러워함이 없었다. 이러한 죄인은 응당 지옥에 떨어	명이 다할 때 지옥의 여러 가지 불이 한꺼번에 쏟아진다. 이때 선지식이 아미타불의 십력위덕과 광명신력을 설하며 또한 계 · 정 · 혜 · 해탈 · 해탈지견을 찬탄하는 말을 듣고 억	**6겁을 지나 꽃이 벌어지면** 관음 · 세지가 법음(法音)으로 이 사람을 안위(安慰)하고 대승의 깊고 깊은 경전을 설하신다. 법을 다 들은 후

하품중생	져야 할 것이었다.	겁의 생사중죄가 소멸하여 맹렬한 불이 변하여 맑은 바람이 되어 모든 하늘꽃 위로 불면 꽃잎마다 화보살이 계시다가 이 사람을 영접하니 잠깐 사이에 금방 칠보연못 중의 연꽃 속에 왕생한다.	에 곧 무상도심(無上道心)을 발한다.
하품하생	불선업(不善業)과 오역(五逆)과 십악(十惡)을 지었으므로 응당 악도에 떨어져 다겁(多劫)을 지나도록 한량없는 고통을 받아야 할 것이었다.	선지식이 묘법을 설하여 이 사람에게 염불하게 하였으나 이 사람이 고통이 심하여 염불할 겨를이 없다. 이때 좋은 벗이, "지극한 마음으로 무량수불을 부르되 소리를 끊이지 말고 열 번만 '나무아미타불'을 부르라" 한다. 이 사람이 그렇게 명호를 불렀으므로 억겁의 생사중죄를 제멸(除滅)하고 명이 다하면 태양과 같은 금련화가 앞에 있는 것을 보고 순식간에 극락세계에 왕생한다.	연화 중에 있은 지 **12대겁을 채우고** 비로소 꽃이 벌어지면 관음 · 세지가 널리 제법실상(諸法實相)을 설하여 죄법(罪法)을 멸제해 주신다. 법을 듣고 환희하여 보리심을 발한다.

이상 삼위구품(三位九品)의 왕생 상황을 종합해 보면, 앞의 5품은 모두 공덕을 닦아 이를 회향하여 극락국에 왕생하기를 바랐던 자로서 품위의 고저(高底)가 완전히 공덕의 심천(深淺)에 근거하고, 뒤의 4품 가운데 중하(中下)는 효순 인자하기만 하고 출세간법(出世間法)을 닦지 못했으며, 하상(下上)·하중(下中)·하하(下下) 3품은 선법(善法)을 닦지 않았을 뿐만 아니라 또한 많은 악업을 지었던 자임을 알 수 있다.

만약 생시의 이러한 행위를 가지고 논한다면, 효순 인자한 것이 비록 세상의 선인(善人)이라 하더라도 결국 불국(佛國)에 왕생하지는 못할 것이었다. 더욱이 뒤의 3품은 역악(逆惡)의 무리들로서 이치로 봐서 당연히 삼악도에 떨어져야 할 것이니, 어찌 불국에 왕생할 복덕이 있었으랴!

만약 부처님의 원력이 광대하지 않았으면 어떻게 급박하게 부처님 명호를 부른 후에 죄를 벗고 왕생하여 높이 성인의 반열에 참예할 수 있었으랴!

이렇게 마땅히 지옥에서나 만날 수 있는 자들을 목숨이 경각에 달려 있을 때 구할 수 있는 방법은 정토종문(淨土宗門) 밖에 다른 종은 전혀 속수무책하다고 나는 감히 확언할 수 있다. 이 하나만 보더라도 정토종의 기특하고 희유(稀有)한 점을 알 수 있는 것이다.

불교의 기초교리 독본에,
"《관경》의 말씀, 사람을 가장 놀라게 하네. 오역죄를 저지른 자도 왕생을 허락하시다니! 삼장교(三藏教)는 섭수하지 못하나니, 미타 부처님의 원력 참으로 헤아리기 어렵네." 한 것이 사실이요, 털끝만치도 과장이 아니다.

또한 구품의 임종 정경 각난(各欄)에서 아미타불의 공덕 원력이 불가사의한 것밖에, 선지식의 가호(加護)만을 의지하더라도 위의 4품은 말할 것도 없고, 마지막 4품이 생전에 불법에 대해 털끝만큼의 의지도 없을 뿐만 아니라 극락세계에 대해서 전혀 생소한 자들마저도 한갓 임종 시에 선지식이 부처님 명호를 부르게 한 것에만 의지하고도 마침내 연화대에 앉아 불국에 왕생하는 것을 보면, 이것은 참으로 다른 종파들은 꿈에도 생각할 수 없는 일임을 알 수 있다. 그러므로 선지식이 부처님을 도와 법륜을 굴리는 공덕도 지극히 소중하여, 거의 부처님의 힘과 함께 중생을 싣고 불국에 이르게 하는 것을 볼 수 있다.

동시에 임종의 일념(一念)이 얼마나 소중한가 하는 것도 알 수 있으니, 평소의 수행여부는 그만두고 "무릇 임종 시에 염불하면서 마음이 고요한 이는 누구를 막론하고 모두 서방에 왕생할 수 있다" 하였으니, 반드시 이 점을 깊이 유념해야 된다.

독자들은 뒤의 4품 중생이 생전에는 전혀 염불한 적이

없었고, 심지어 갖은 악행을 저지르다가 임종 시에 선지식의 가르침을 받고 열 번의 명호를 부르고서 곧 왕생했다는 사실을 듣고는 이런 생각을 할 것이다.

'임종 시에 어떤 사람의 지시만을 의지하고도 누구나 왕생할 수 있다면, 평소에 굳이 염불할 필요도 없고 무슨 악을 짓든지 죽을 때 염불 열 번만 부르면 금방 왕생할 수 있겠구나!' 하고.

이런 생각은 매우 잘못된 것이다. 평소에 염불한 것이 임종에도 습관이 되어 부처님의 접인왕생을 입게 되는 것이니 이것이 정상적인 현상이요, 평소에는 염불하지 않다가 임종 시에 선지식의 가르침을 받고 이윽고 정념(正念)을 내는 것은 특별한 현상인 것이다.

세상 사람이 죽을 때 정경은 실로 천태만상이다. 예를 들면 능히 정침(正寢)에서 병들어 죽지 못하고 감옥이나 길에서 죽거나 벌판이나 병원의 수술대 위에서 죽을 때는 어떻게 할 것이며, 부근에 선지식이 없을 때는 어떻게 할 것인가?

비록 집에서 죽더라도 가족들의 정신이 허둥지둥하여 어쩔 줄 모르거나 믿지 않거나 달갑게 여기지 아니하여 선지식을 청할 줄 모를 때는 어떻게 할 것이며, 갑자기 명이 다하여 미처 선지식을 청할 새가 없을 때는 어떻게 할 것인가?

선지식이 이미 왔더라도 병자가 정신이 혼미하여 능히 법을 들을 수 없을 때는 어떻게 할 것이며, 병이 위중하여 고통이 심할 때 신경이 착란하여 태도가 거칠어져서 좋은 말도 듣지 않으려 하고 염불을 달가워하지 않을 때는 어떻게 할 것인가? 이런 경우가 모두 문제인 것이다.

아미타부처님의 제19원에, "시방중생이 발원하여 나의 국토에 태어나고자 하고서 목숨이 다할 때 대중과 함께 위요하여 그 사람 앞에 나타나지 않으면 정각을 이루지 않겠나이다" 하였으니, 원문(願文) 중에서는 다만 '목숨이 다할 때'라고만 하였고 어떻게 죽는가에 대해서는 말하지 않았다.

그러므로 행자가 발원한 후에 만약 불에 타 죽거나 물에 빠져 죽거나 독살을 당하거나 압사하거나 뇌일혈이나 호열자, 페스트로 죽거나 벼락을 맞아 죽는 경우 등을 당하여 능히 염불을 할 수 있든 하지 못하든 미처 염불할 새가 있든 없든 간에 모두 '목숨이 다할 때'라 간주하고, 부처님이 대중과 함께 위요하며 그 앞에 나타나 접인하여 왕생케 하는 것이다.

만약 평소에 염불을 하지 않거나 왕생을 원하지 않다가 이때에 이르러 선지식이 염불하게 하기를 기다린다면, 혹시 임종에 풍기로 몸을 가눌 수 없거나 극도로 고통스러울 때는 염불을 기억하려 하여도 당연히 불가능하

다.

결론적으로 말하면 선지식을 의지하는 것은 평소를 의지하는 것만 못하다. 그러므로 행자가 평소에 부처님 명호를 불러야 하는 것이니, 이것이 아미타부처님의 제18발원인 '십념(十念)만으로도 반드시 왕생케 하려는 원'이요, 평소에 왕생을 발원해야 할 것이니 이것이 제19원인 '발원하여 이 나라에 태어나고자 하는 자는 임종에 반드시 와서 접인하려는 원'이요, 또한 평소에 지은 공덕을 회향하여 극락세계에 왕생하기를 구해야 할 것이니, 이것이 제20원인 '회향공덕으로 반드시 왕생을 이루려는 원'인 것이다.

이와 같이 하면 임종에 반드시 왕생을 보장 받을 수 있고 부처님의 가피를 얻을 수 있으니, 이는 마치 예약권을 사 두거나 생명보험에 들어 둔 것과 같아서 어찌 평안하기가 태산과 같지 않겠는가?
만약 미리 이러한 신중하고 평안하고 안락한 조치를 해두지 않고 다른 사람이 요행히 성공한 모험이나 행동을 본받으려 한다면, 이는 마치 어떤 사람이 깊은 산속에서 길을 잃고 헤매다가 죽지 않고 도리어 땅속에 묻힌 금덩이를 얻은 것을 보고, 자기도 산중에 들어가 이리저리 헤매며 행운을 얻기를 바라면서 몸이 가루가 되고 뼈가 부서지지 않으면 그만두지 않는 것과 같다 할 것이다.

願以此功德 莊嚴佛淨土
上報四重恩 下濟三道苦
若有見聞者 悉發普提心
盡此一報身 同生極樂國

원컨대 이 공덕으로
아미타 부처님 정토를 장엄하여
위로 네 가지 큰 은혜를 갚고
아래로 삼도에 고통 받는 중생을 제도해지이다.
만약 보고 듣는 자가 있으면
모두 다 보리심을 내어
이 목숨 다할 때
똑같이 극락국토에 왕생해지이다.
-정법개술

三. 정토를 수행하는 방법

1. 신(信) · 원(願) · 행(行) 세 가지 자량(資糧)

정토법문은 행하기는 쉬우나 믿기는 어렵다. 《불설아미타경》에서 세존께서도, “염불법문은 세상에서 믿기 어려운 법문이다”라고 인정하셨다. 그러므로 이 법의 골간은 완전히 믿는 마음에 의하여 건립되었고, 믿는 마음에 의하여 지탱한다. 믿는 마음이 있으면 행동에 옮길 수 있어서 인(因: 信)과 과(果: 行)가 원만할 것이요. 그렇지 않으면 불문이 아무리 넓다 하더라도 믿지 않는 중생은 능히 제도하지 못한다.

믿음[信] · 바람[願] · 실제 수행[行]을 정토의 세 가지 자량(資糧)이라고 한다. 자량이란 비용과 양식의 뜻으로, 비유하자면 먼 길을 여행하려면 반드시 비용과 양식이 필요하며 이 두 가지가 부족하면 절대 목적지에 도착하지 못하는 것과 같다.

그런데 이 세 가지 자량은 서로 연관관계에 놓여 있으니, 차례대로 믿음으로 인하여 바라게 되고, 바람으로

인하여 실제 수행하게 되는 것이다. 만약 믿음이 갖추어지지 않으면 바람[願]과 행위[行]도 성립되지 않는다.

그러면 무엇을 어떻게 믿을 것인가?
정법행자는
첫째, 《정토삼부경》은 세존의 진실한 말씀이지 결코 속이는 말이 아님을 믿어야 한다.
둘째, 우리들이 살고 있는 예토 밖에 확실히 정토가 있는 줄 믿어야 한다.
셋째, 아미타불이 48대원을 세워 정토를 건립한 사실은 천만 번 진실하고 확실하여 지금도 현존하고 있음을 믿어야 한다.
넷째, 정토에 태어나건 예토에 태어나건 이것들은 모두 자심(自心)이 조종한 것이어서, 깨끗한 인을 심으면 깨끗한 과를 얻고 더러운 인을 심으면 더러운 과를 얻어서 우연히 이루어진 것이 아님을 믿어야 한다.
다섯째, 부처님 명호를 부를 때의 정념(正念)이 확실히 부처님의 마음과 합치해서 감응을 발생하여 임종 때 저 부처님이 직접 접인 왕생함을 입게 되는 줄 믿어야 한다.
여섯째, 비록 우리의 악업이 깊지만 저 나라에 태어난 후에는 훌륭한 환경과 불보살의 끊임없는 가르침으로 인하여 악념(惡念)이 영원히 다시는 일어나지 않고 악보(惡報)가 영원히 성숙하지 않음을 믿어야 한다.
일곱째, 자신의 힘과 부처님의 힘이 모두 불가사의하지만 부처님 힘의 크기가 우리의 것보다 백천만억 배나

초월함으로, 비록 자신의 힘이 보잘 것 없다 하더라도 또한 능히 왕생할 수 있음을 믿어야 한다.
여덟째, 부처님에게는 불가사의한 해탈법문이 있어서 한 티끌 속에서도 능히 세계를 건립할 수 있다. 그래서 설령 시방 중생이 모두 그곳에 태어나더라도 모든 처소나 생활도구가 조금도 좁거나 모자라는 법이 없음을 믿어야 한다.
아홉째, 한 마디 부처님 명호를 부를 때마다 저 부처님께서는 모두 들으시고 모두 섭수 하시는 줄 믿어야 한다.
열 번째, 염불하는 사람이 목숨을 다할 때 저 부처님께서 반드시 와서 접인하여 극락국에 왕생케 하시고 절대로 다시는 육도윤회에 떨어지지 않게 하시는 줄 믿어야 한다.

결론적으로 말하면, 이런 일들을 일일이 다 말할 수는 없으나 부처님이 설하신 경은 모두 진실한 말씀이니 깊이 믿어 절대 의심을 내어서는 안 된다는 것이다. 의심은 도(道)에 장애가 되어 자연히 원(願)과 행(行)이 일어나지 않게 한다. 그러므로 믿음이 있으면 자연히 그 국토에 태어나기를 원하게 되고, 그 나라에 태어나기를 원하면 자연히 법을 의지하여 행을 일으키게 되는 것이다.

세상 사람은 근기가 같지 않으므로 견해도 역시 다를 수밖에 없다.
어떤 사람은 "정토는 거짓말이다" 하며 믿지 않고,

어떤 사람은 "사람이 죽으면 모든 것이 다 없어지고 마는데 어찌 후세가 있으랴" 하며 믿지 않으며,
어떤 사람은 "여기에 태어나고 저기에 나며 고(苦)를 받고 낙(樂)을 받는 것이 모두 우연히 되는 것이지 어찌 인(因)을 닦아 과(果)를 얻는 일이 있으랴" 하며 믿지 않으며,
어떤 사람은 "염불하여 서방에 왕생한다는 것은 어리석은 사람을 꾀어서 선행을 하게 한 것이니 사실 어찌 이런 일이 있으랴. 석가가 다른 사람은 속일 수 있을망정 나만은 속이지 못한다" 하며 믿지 않고,
어떤 사람은 "서방에 비록 불국이 있다 하더라도 단지 몇 번 부처님 명호를 부르는 것만으로 왕생하지는 못할 것이다" 하며 믿지 않으며,
어떤 사람은 "인간은 탐진치와 이기심이 매우 많은 존재로서 비록 극락에 태어나더라도 여전히 전의 성질을 고치지 못할 것이니, 당장 선인(善人)으로 변한다는 말은 어불성설이다" 하면서 믿지 않고,
어떤 사람은 "이 세상에서는 사람이 악을 저지르면 으레 일일이 모두 그 과보를 받아야 한다. 그런데 지금 극락국토에 태어난 후에는 아무것도 따지지 않고 모든 것을 취소한다고 하니 이것은 인과율에 맞지 않다. 절대 이런 이치가 있을 수 없다" 하며 믿지 않으며,
어떤 사람은 "십념(十念)만으로 왕생한다는 것은 전적으로 거짓말이다. 만약 모든 중생이 누구나 십념만으로 왕생할 수 있다면 지옥도 텅텅 비고 세상에는 인류가 없을 것이니, 세상에 어찌 이런 일이 있을 수 있으랴" 하

며 믿지 않으며,
어떤 사람은 "국토와 모든 방사와 생활도구가 한도가 있고 왕생하는 숫자가 꾸역꾸역 몰려와서 한정이 없을 것이다. 이렇게 되면 방사도 물자도 모두 바닥이 나고 말 것이니, 이런 모순이 어디 있겠는가?" 하며 믿지 않으며,
어떤 사람은 "옷을 생각하면 금방 옷이 있고 밥을 생각하면 금방 밥이 있어서 무엇이든 생각하기만 하면 사람의 힘을 빌리지 않고 자연히 생긴다 하니 이것은 꿈같은 이야기요, 어린애를 속이는 일이나 다름없다" 하며 믿지 않으며,
어떤 사람은 "극락국의 금지(金池)와 연지(蓮池)와 칠보누각은 설계하여 지은 것이 아니고 재료도 들이지 않고 이루어졌다 하니 이것은 상고의 신화에 불과하여 과학에 맞지 않는 이야기다" 하며 믿지 않는다.

이와 같은 의심은 인간의 머릿속에 끊임없이 들끓어서 이루 다 말할 수는 없으나, 여기서는 지면이 한정되어 일일이 해석하지는 못한다.

결론적으로 말하면, 만약 이 세상의 선입견에 빠져서 여래의 신통변화와 중생의 정식(情識)을 종합하여 만들어진 극락세계를 비교하려 한다면, 마치 개미가 인간의 국가와 사회의 갖가지 복잡한 조직과 행동을 추측하려는 것과 같다 할 것이니, 설사 백 만년을 추측하더라도 도저히 미칠 수 없는 노릇임을 알아야 한다. 왜냐하면 개

미는 근본적으로 인간과 다른 존재이기 때문이다.

다시 말하면 우리는 부처가 아닌 이상 어떻게 명백히 부처의 지혜와 신통을 알 수 있겠는가? 기왕 분명히 알 수 없다면 함부로 추측하는 따위의 우(愚)를 범하지 말아야 할 것이요, 다만 부처님의 말씀을 믿고 실행하여 착오나 공(空)에 떨어지는 일이 절대로 없어야 할 것이다.

만약 스스로 생각하기에 '나는 매우 총명하다. 절대로 그런 속임수에 넘어가지 않는다' 한다면, 지혜 있는 자가 보기에는 이야말로 정말 어리석고 서투른 짓이며, 복과 지혜가 천박한 자의 소행임을 간파할 것이요, 이렇게 함으로서 가장 얻기 어려우면서도 가장 손쉬운 법문을 잃게 되는 것이다.

위에서는 대부분 믿음 방면에서만 말하였고, 바람[원(願)]과 실행[행(行)]에 대해서는 설명이 부족하였다. 그 까닭은 믿음이 진실하면 바람과 실행을 일으킬 수밖에 없어서, 굳이 권하고 찬탄할 필요가 없기 때문이다. 예컨대 발밑 한 자 되는 곳에 황금이 묻혀 있다는 것을 확신한다면 캐내기를 원치 않는 자가 없을 것이요, 만약 행동에 옮기지 않는다면 이것은 알고 있는 것이 부족하거나 확신을 갖고 있지 못했기 때문이다.

2. 십선(十善)을 닦는 것이 정토의 근본이다

십선이란, 몸으로 행하는 세 가지 선행[생명을 죽이지 말라. 도둑질 하지 말라. 사음하지 말라.], 입으로 행하는 네 가지 선행[거짓말 하지 말라. 비단같이 꾸미는 말 하지 말라. 두 혀를 놀리지 말라. 상스러운 말 하지 말라.], 마음으로 행하는 세 가지 선행[탐내지 말라. 성내지 말라. 어리석지 말라.]을 말한다. 이 십선은 모든 선법의 기본이며 모든 선법의 기초이다. 선법을 닦으려 하면서 십선을 닦지 않는다면 이는 마치 백 척 빌딩을 진흙 위에 세우려는 것과 같아서 절대 성공할 가망이 없다.

부처님이 《십선업도경》을 설하실 때 용왕에게 말하기를, "이 십선은 능히 십력(十力)과 사무외(四無畏)와 십팔불공법(十八不共法) 등 일체 불법을 원만하게 한다. 그러므로 너희들은 응당 부지런히 수학하라. 용왕이여, 모든 성읍과 취락이 모두 대지를 의지하여 안주하며, 모든 약초와 초목 총림도 모두 땅을 의지하여 생장하듯이, 이 십선도도 이와 같이 모든 천인(天人)이 이를 의지하여 존재하며, 모든 성문(聲聞)과 독각(獨覺)의 보리와 모든 보살행과 모든 불법이 모두 십선의 대지를 의지하여 성취 되느니라." 하셨다.

또한 《관무량수경》에서 부처님이 위제희에게 말씀하시기를, "극락국토에 태어나고자 하면 마땅히 세 가지 복을

닦으라. 그 중에 제일 복은 부모를 효양하고 스승을 섬기며 자비스런 마음으로 살생하지 않으며 십선업을 닦는 것이다."라고 하셨다.

그러므로 염불인은 반드시 십선을 닦는 것이 정업의 기본임을 명심해야 한다. 만약 도념(道念)이 간절하지 않거나 십선을 어기고 지키지 않으면 결코 극락국토에 왕생키 어렵다는 것을 깊이 명심해야 한다.

이런 까닭에 정토를 행하는 사람이 언제나 조심하고 두려워해야 할 것은, 몸과 입과 마음으로 짓는 세 가지 업을 수호하여 악을 짓지 아니하며, 동시에 부지런히 염불을 정진해야 하는 일이다. 그렇게 하면 왕생하는 일은 보증서를 받아둔 것과 같아 결코 의심할 여지가 없다.

3. 도리에 충실하고 직분을 다하라

세간법과 출세간법은 서로 표리관계에 놓여 있으며 더욱이 재가불자는 사회와 가정을 떠날 수는 없다. 그러므로 장관은 장관답게 일심으로 국가와 국민을 위해야 하고, 관리는 관리답게 자기 직분에 충실해야 한다. 또한 상인은 사고파는 것이 진실하여 어린아이나 노인에게도 속이는 일이 없어야 하고, 의사는 가난하고 병든 자를 불쌍히 여기며 진심으로 진료해야 한다. 그 외는 유추하여 알 수 있을 것이니, 일일이 말하지는 않겠다.

결론적으로 말하면, 임무가 곧 채무인 만큼 한편으로 고통스러운 빚을 청산하듯이 공덕을 쌓고, 한편으로는 불법을 수학하면 곧 해탈할 날이 있을 것이다.

심지어 부모가 된 이는 부모답게 자식은 자식답게 부부·형제·선생·친구는 부부나 형제·선생·친구답게 제각기 도리를 충실히 하고 제 본분을 다 하는 사람이어야만 비로소 출세간법을 말할 수 있다. 만약 세간법은 마치 술찌꺼기 버리듯이 내 팽개쳐 옷 입고 갓 쓴 짐승과 같이 하면서, 세상을 벗어나 부처를 이루고 조사가 되려 하거나 염불하여 왕생하려 한다면, 정업을 이루기 전에 악과(惡果)가 먼저 성숙하여 삼악도에 떨어지지 않을까 두렵다.

그러므로 배우는 자들에게 바라노니 , 출세간법을 닦을 때 세간법을 포기하지 말 뿐만 아니라, 세간법을 정정당당하게 감당하여 조금도 어김 없이 하라. 이야말로 출세간법의 근본인 동시에 성공할 희망이 보이는 것이다.

만약 전에 잘못을 저지른 일이 있으면 반드시 지금부터 깨끗이 고치고 다시는 짓지 말라. 불문은 광대하여 참회하기를 허락하였으니, 참회한 후에는 영원히 다시는 범하지 말라. 허물을 뉘우치고 널리 착한 일을 행하면 죄과(罪過)가 없어지고 마니, 마치 독을 담은 그릇을 깨끗이 씻고 난 후에는 전혀 독이 없는 것과 같다.

4. 널리 공덕을 닦아 원왕생(願往生)하는 데 회향하라

《관무량수경》에서 부처님이 아난과 위제희에게 말씀하시기를,
"상품상생이란, 만약 어떤 중생이 그 나라에 태어나기를 원하는 자는 세 가지 마음을 발해야만 곧 왕생할 수 있다. 어떤 것이 세 가지 마음인가? 첫째는 **지성심(至誠心)** 이요, 둘째는 **심심(深心)** 이요, 셋째는 **회향발원심(回向發願心)** 이다. 이 세 가지 마음을 갖춘 이는 반드시 저 나라에 태어나리라." 하였다.

경에서 말한 '지성심'이란 거짓 없는 참되고 성실한 마음이요, '심심'이란 널리 공덕을 닦거나 즐겨 모든 선법을 쌓는 것이요, '회향발원심'이란 닦은 공덕과 쌓은 선법을 가지고 극락세계에 태어나기를 회향 발원하는 것이다.

미타가 48대원을 발한 가운데, 제20원에도 "설사 내가 부처가 될지라도 시방 중생이 나의 이름을 듣거나 나의 나라를 생각하여 중덕본(中德本)을 심어 지극한 마음으로 회향하여 나의 나라에 태어나고자 하면서 그 원을 이루지 못하면 정각을 이루지 않겠나이다." 하였다. 이 말은 세상 사람이 만약 그가 지은 공덕을 가지고 이 나라에 태어나기를 구하는데 회향하면 반드시 그 원과 같

이 된다는 뜻이다. 회향한다는 이 한 가지 사실은 불법 가운데서 매우 중요한 위치에 있다는 점에 유의해야 한다. 여기서는 대략 그 의의에 대하여 논하려 한다.

부처님의 거룩한 명호가 불가사의하며 청정팔식(淸淨八識)이 불가사의하며 중생심(衆生心)도 불가사의하여 이 세 가지 불가사의를 합하여 정토법이 이루어졌으므로 정토법도 역시 불가사의하다. 그래서 정토행자가 단지 부처님 명호를 염(念)하는 것만으로도 능히 왕생할 수 있는 것이다.

다만 심심행자(深心行者)는 그 정토법을 닦을 때 염불하는 일 밖에 다시 널리 공덕을 닦아 원왕생(願往生)하는데 회향하는 것이 중요하다. 왜냐하면 그렇게 함으로서
첫째, 아미타부처님께 공양하여 불토를 장엄하며
둘째, 조연(助緣)을 지어 도과(道果)를 증상하며
셋째, 대승심을 내어 보살행을 배우게 되니,
그렇게 함으로서 단지 부처님 명호를 염(念)하는 것만으로 만족하지 않게 된다.

모든 일이 인과를 여의지 않아서 세간법이 이와 같을 뿐만 아니라, 출세간법도 역시 이와 같다. 그러므로 선과 악을 생각하는 것은 물론이고 선과 악의 행위도 모두 거기에 상응하는 후과(後果)가 있는 것이다.

이러한 이유로 행자가 선법을 닦으면 장래에 반드시 복

보(福報)를 얻게 되는데, 이 선법이 만약 유루(有漏)의 인천과(人天果)에 속한다면 장래에 인천의 과보를 받게 되지만, 구경락(究竟樂)은 아니어서 복이 다하면 다시 타락하게 되고, 무루(無漏)의 사성과(四聖果)에 속하면 장래에 오불환천(五不還天)이나 시방정토의 과보를 얻게 된다.

그런데 행자가 인천의 복락을 받지 않으려 하거나 다시 타락할 것을 두려워하여 스스로 원하기를, "이 공덕으로 극락국에 왕생하는 증상연이 되어서 반드시 아미타불의 극락국에 왕생하는 과보를 받아 지이다" 하면, 인천이나 타방정토(他方淨土)에 태어나는 복보는 성숙하지 않고 장래에 과보를 받을 때 극락국의 정업이 이루려 하지 않아도 저절로 이루어지는 것이다. 왜냐하면 일체 법이 오직 마음 뿐이라, 심력(心力)이 능히 업과를 짓기도 하고 업과를 바꾸기도 할 수도 있기 때문이다.

그러므로 행자는 닦는 선업이 유루거나 무루를 막론하고 인(因)을 심을 때 자신의 생각에 받아야 할 복보를 반드시 불국에 두면 이 일념이 팔식전(八識田) 중의 종자로 하여금 금방 무루습기(無漏習氣)의 훈습(薰習)으로 변화하여 무루의 정법종자를 이루게 할 뿐만 아니라, 장래 과보를 받을 때 미리 자유롭게 결정할 수도 있게 되니, 이것이 바로 깊고 미묘한 유식학(唯識學)의 이치인 것이다.

이렇게 회향법이 불법에서 차지하고 있는 위치가 매우

중요하니, 행자는 반드시 깊이 믿고 의심치 않아야 비로소 효과를 얻을 수 있다. 만약 조그마한 의심이라도 품은 채 정토법을 닦으면 큰 이익을 잃게 되는 것은 이런 까닭이다.

아미타불은 종자가 유루에서 무루로 변할 수도 있고 공덕이 이 국토에서 저 국토로 옮길 수도 있는 줄을 깊이 알았으므로 감히 제20원을 발하였던 것이며, 천수백 년이래 불법 대덕들도 이러한 이치를 깊이 알았으므로 감히 회향발원문을 지어, 이 공덕을 회향하여 극락국토에 태어나기를 구할 것을 극력 제창하고 권하였던 것이다.

행자는 어떤 공덕을 지었던지 간에, 심지어 한 푼의 돈을 시주하거나 한 마리 개미의 목숨을 구해 주었더라도 이런 일을 한 후에 먼저 아미타불이 나의 눈앞에 계신다는 것을 생각하고 합장하며 입 속으로,

원컨대 이 공덕으로
아미타부처님 정토를 장엄하여
위로 네 가지 큰 은혜를 갚고
아래로 삼도에 고통 받는 중생을 제도해지이다.
만약 보고 듣는 자가 있으면
모두 다 보리심을 내어
이 목숨 다할 때
똑같이 극락국토에 왕생해지이다.

願以此功德 莊嚴佛淨土
上報四重恩 下濟三道苦
若有見聞者 悉發普提心
盡此一報身 同生極樂國

하고 발원하라. 이 게(偈)를 발원한 후에는 지은 공덕이 부처님과 나 쌍방의 심력에 의지하여 극락국으로 가는 자량이 되어 불토를 장엄하게 될 것이다.

간단하고 편리한 것을 소개하면 아래 사구(四句)를 염하여도 무방하다.

삼가 이 공덕으로
아미타불께 공양하옵나니
저의 목숨이 다할 때
극락세계에 왕생키 원하나이다.

謹以此功德 供養彌陀佛
願我命終時 即生極樂國

이렇게 회향한 후에는 지은 공덕이 유루든 무루든 관계없이 모두 장차 무루 출세간법이 될 것이요, 또한 아미타불이 일찍이 제20원을 발한 적이 있으므로 책임지고 섭수치 않을 수 없는 것이다.

5. 임종 때 신중히 하라

인간의 최후 일념은 그 역량이 내생에 태어날 곳을 결정짓는다. 이러한 이치로 염불하는 사람은 반드시 임종 시에 아미타불을 염해야 불국에 왕생할 수 있다.

《아미타경》에 의하면, “만약 7일 동안 염불하되 지극한 마음이 흩어지지 않으면[일심불란一心不亂] 그 사람이 목숨을 다할 때 부처님과 여러 성인이 그 앞에 나타나시리니, 이 사람의 마음이 전도(顚倒)하지 않으면 곧 왕생할 수 있으리라” 하였으니, 경문에서 설한 바를 당연히 믿어야 할 것이다. 다만 정업(淨業)이 깊지 않은 행자가 만일 ‘임종에 부처님이 와서 접해 주지 않으면 어쩌나!’ 하고 두려워하면 그 마음이 전도치 않을 수 없고, 마음이 전도하면 능히 극락국토에 왕생할 수가 없다.

이럴 경우에는 목숨이 다하려 할 때 다른 사람이 곁에서 염불을 도와주어야 할 필요가 있다. 이렇게 해야만 병든 사람을 이끌어 염불하는 마음을 내게 할 수 있기 때문이다. 이것이 바로 염불모임, 곧 조념회(助念會)를 만들어야 할 필요가 있는 근거이다.

이 법은 평소에도 도우(道友) 약간 명이 염불모임을 만들어 때때로 서로 모여 지극한 마음으로 염불 발원하다가, 회원 중에 어떤 도우가 병이 깊이 들어 정신이 혼미

할 때 그의 가족이 회우(會友)들에게 통지하면 도우들이 병자의 방에 들어가서 향을 피우고 염불하는 것이다.

이렇게 하면 병자가 눈으로는 불상을 보고 귀로는 부처님 명호를 들으며 코로는 전단향(梅檀香)을 맡고서 자연히 정념(正念)을 내어 서방에 왕생하는 데 도움을 얻게 된다.

행자가 임종을 신중히 해야 하는 방법은 단을 나누어 아래에 자세히 적으니 참고하시기 바란다.

가. 병이 깊어 위독할 때

행자가 병이 위중할 때는 가족이 각 회우에게 통지하여 집에 와서 염불해 줄 것을 부탁한다.

회우가 집에 와서 병자가 아직 정신이 혼미하지 않은 것을 보면, 그의 가족에게는 눈물을 보이거나 울지 말게 하고 병자를 대해서 집안일을 말하거나 유언을 물어 세간사에 신경 쓰는 마음이 일어나지 않게 하기를 권고하는 한편, 병자에게는 마음과 몸을 모두 놓아 버리고 다만 부처님 명호만을 부르게 하며, 아울러 "극락국은 매우 즐거운 곳이다. 네가 지금 모든 것을 버리고 그 나라에 태어나 아미타부처님을 직접 뵙고 부처님의 설법을 듣게 되었으니 얼마나 기쁜 일이냐? 앓고 있는 병은 다생의 숙업으로 얻어진 것인 줄 알고 잠시만 참아야 한다."라고 일러 준다.

만약 병자가 여러 가지 생각을 떨쳐버리지 못하면 적절한 방법을 강구하여, 부드러운 말이나 좋은 말로 그의 마음을 위로하되, 평소 그의 수행공덕에 대하여 찬탄하고 이 공덕에 의지하여 극락국토에 왕생할 수 있다는 것을 스스로 믿게 한다.

만약 병자가 정신이 혼미하여 인사불성이 되었으면, 회우가 부처님 명호를 부르며 가볍게 법기(法器)를 두드리되, 그 소리가 너무 시끄러워서는 안 된다. 시간이 너무 오래 걸릴 듯 하면 서로 번갈아 가면서 병석을 지키며 부처님 명호가 끊어지지 않게 하되, 숨이 넘어가 몸이 식을 때까지 계속한다.

나. 명이 다한 후

행자가 명을 마칠 때는 회우가 부처님 명호를 끊이지 않고 부르는 것 외에, 아울러 가족에게 울거나 몸을 씻기거나 옷을 입히지 말게 하고 큰 소리로 진동이 발생하여 망자가 놀라지 않게 하도록 한다.

흔히 호흡이 정지하여 심장이 뛰지 않으면 곧 죽었다고 생각하고 있으나 사실은 이때 제8식(第八識)은 아직 떠나지 않았으니, 만약 곡소리를 내거나 이동할 때 감촉이 시신에 미치면 아직 감각이 남아 있어서 혹시 화를 내어 악도에 떨어질지 모른다.

경에 아사달 왕이 죽었을 때 시신을 지키는 신하가 부채를 들고 파리를 쫓다가 실수로 왕의 얼굴을 스쳤는데

왕이 진심(瞋心)을 내어 뱀의 몸에 떨어졌다는 이야기가 있다. 그러므로 이 일을 매우 신중히 하여 사람이 곁에서 염불을 계속하여 정념이 끊어지지 않게 하며, 그렇게 하지 못할 경우에는 문 앞에 지키고 서서 사람이나 고양이나 개가 들어오지 못하게 해야 한다.

몸을 씻기고 옷을 입히고 수족을 움직여 염하고 입관하는 등의 일은 숨이 넘어간 지 잠시 후에 하도록 해야 한다.

이 밖에 주의해야 할 일은, 가족이나 도우가 왕왕 결과는 살피지 않고 수행인은 반드시 좌탈(坐脫)해야 한다고 생각하고는 급히 죽은 자를 부축해 일으켜 다리를 비틀고 손을 포개어 가부좌한 자세를 짓게 한다. 그러나 죽은 이는 이때 제8식이 아직 남아 있으므로 심한 고통을 느끼며 진심을 낼 줄을 알지 못하고 있는 것이다. 이는 부질없는 헛된 이름을 사모하여 도리어 죽은 자로 하여금 삼악도에 떨어지게 하는 결과를 빚게 한다.

이런 일은 석가 세존이 옛날 구시나성 사라쌍수 사이에서 2월 15일에 열반에 드실 때 실제 누워서 돌아가셨으니, 석가 부처님이 도력이 없어서 그렇게 하신 것이겠는가?

이것을 보면 누워서 죽든 앉아서 죽든 그 자연스러운 상태를 따를 일이지, 체면을 차리느라 도리어 망인으로

하여금 화를 당하게 해서는 안 된다.

다. 중음(中陰)을 구도(救導)하라

우리의 몸은 오온(五蘊)이 합하여 이루어졌으니, 오온은 또한 오음(五陰)이라고도 한다. 그러므로 살아 있을 때의 몸을 전음(前陰)이라 하고 죽은 후를 후음(後陰)이라 하며, 이미 죽었으나 아직 다른 곳에 태어나기 전 중간단계를 중음(中陰)이라 한다.
이미 죽은 사람은 8식(八識)이 몸을 떠났을 때가 곧 중음신(中陰身)의 시작인데, 욕계(欲界)의 중음신은 크기가 5~6세 아이만 하며, 여러 감각기관이 영리하고 신통력과 기억력이 생전에 비하여 아홉 배나 높다.

사람이 죽은 후 식신(識神)은 비록 몸을 떠나 중음신이 되었으나, 이때 중음신이 도리어 시신 부근에 머무르며 산 사람이 시신을 위하여 몸을 씻기거나 옷을 입히며 권속이 곡하는 등의 일을 낱낱이 보고는 산 사람에게 물어보지만, 산 사람은 알지도 보지도 못하여 아무 대답이 없으므로 저는 낙심하여 포기하고 떠나가려 하나 다시 두려워서 이럴까 저럴까 어쩔 줄 몰라 한다.

그러므로 죽은 자가 비록 몸이 차가워졌더라도 산 사람은 저를 위해 법을 설하여 모든 탐·진·치를 버리고 오롯이 정토에 왕생하기를 바라도록 권해야 하며, 아울러 큰 소리로 염불하여 중음신이 듣고 바른 마음을 일으키도록 해야 한다.

본인이 만약 생전에 염불한 적이 있었으면 이때 매우 쉽게 벗어나서 불국에 왕생할 수 있겠지만, 만약 생전에 염불해 본 적이 없으면 이때 마음이 이럴까 저럴까 결정하지 못하고 환경이 처량하고 의지할 곳이 없던 차에 한 번 부처님 명호를 듣고는 반드시 이 일념에 의지하여 불국에 왕생할 것이다.

그러므로 산 사람이 이때 죽은 사람을 대하여 큰소리로 염불하면 생전에 불법을 믿었던 믿지 않았던, 혹은 정토에 경험이 있던 경험이 없던 간에 모두 이익이 있을 것이다. 이것이 죽음을 구도(求導)하는 방법이니 어김없이 행하도록 하여야 한다.

라. 망자를 천도(薦度)하는 법

시신을 거두기를 마치면 상사(喪事)는 이미 일단락 된 것이다. 이때 효성스런 아들이나 손자는 반드시 49재를 올려서 망령(亡靈)을 천도하되, 망인이 서방에 왕생했던 하지 못했던 관계없이 부모님의 은혜에 보답한다는 뜻에서 반드시 불사(佛事)를 닦아서 가시는 길을 도와 드려야 한다.

만약 이미 서방에 왕생하셨으면 복과 지혜를 증장시켜 드리는 것이요, 서방에 태어나지 못했으면 숙세의 죄업을 소멸하고 선도(善道)에 태어나게 해 드리는 것이다.

망자를 천도하는 법사(法師)는 일심으로 부처님 명호를

부르되, 《금강경》이나 《아미타경》, 혹은 대비주(大悲呪) 등을 독송할 수 있으면 더욱 좋다. 이렇게 재를 모신 후에는 망인에게 회향하여 서방에 태어나는 자량(資糧)이 되게 하면 참으로 아름다운 일이 될 것이다. 만약 경을 독송할 수 없으면 부처님 명호만을 불러도 무방하다.

망인의 유물이나 재산 등은 매각할 수 있으면 그 돈으로 병들고 가난한 자와 불구자나 임산부에게 보시하거나 혹은 절을 짓고 탑을 쌓으며 경서(經書)를 번역하여 여러 스님들께 공양하되, 이 공덕을 가지고 부모님을 위하여 숙세의 업을 소멸하고 불국에 왕생하는 데 회향하면 살아 있는 자나 죽은 자가 모두 큰 이익을 얻을 것이다.

四. 지명염불(持名念佛)

1. 실상(實相), 관상(觀相), 지명(持名) 삼자의 비교

염불은 오직 구념(口念)만을 말하는 것이 아니요, 심념(心念)도 역시 염불로 친다. 그러므로 염불법 중에는 지명염불(持名念佛) 외에 실상염(實相念)과 관상염(觀相念)의 각 방법이 있다.

실상염(實相念)은 제일의심(第一義心)에 들어가서 불법신(佛法身)의 실상을 관하는 것이니, 이것으로 얻은 삼매는 진여삼매(眞如三昧)이며, 또한 일행삼매(一行三昧)라고도 한다. 이 법문은 본래 선(禪)에 속하는 것이지만, 다만 선심(禪心)으로 나타난 경계가 바로 정토이므로 역시 정토법에 포함시킬 수 있는 것이다. 이 법은 상상근기(上上根器)가 아니면 능히 오입(悟入)하지 못하므로 중·하의 두 근기에는 적합하지 않다. 그러므로 정토법에서는 이 법을 제창하는 이가 드물고 선문에서 제창하는데 맡긴다.

관상염(觀相念)은 《관무량수경》에서 말한 아미타불 극락

국토의 의정장엄(依正莊嚴)을 관조(觀照)하는 16종의 관법(觀法)을 말한다. 이 관행(觀行)이 만약 순숙하면 눈을 감거나 뜨거나 극락 아닌 곳이 없어서, 그대로 사바세계를 변하여 정토를 만들며, 죽을 때를 기다리지 않고 그 자리에서 몸이 극락국에 노닐게 되는 것이니, 공효(功效)의 크기로 말하면 무엇으로도 가히 비교할 수 없다. 이것으로 얻은 삼매가 **반주삼매(般舟三昧)**이며, 또한 **불립삼매(佛立三昧)**라고도 한다. 다만 관법(觀法)이 미세하고 깊어서 5종의 이루기 어려운 점이 있다.
첫째, 근기가 둔하면 이루기 어렵다.
둘째, 마음이 거친 자는 이루기 어렵다.
셋째, 선교방편(善巧方便)이 없으면 이루기 어렵다.
넷째, 인식(認識)이 깊지 않으면 이루기 어렵다.
다섯째, 정진력(精進力)이 미치지 않으면 이루기 어렵다.

요약하면, 근기가 예리하거나 믿음이 세밀하거나 총명해야 하는 외에, 다시 인상이 깊거나 정신이 강성해야 하니, 이런 자는 만에 하나도 얻기 어려운 실정이다. 그러므로 널리 보급되지 못했으며 행하기 어려운 법문인 것이다.

다음 **지명염(持名念)은** 위에서 말한 이종염법(二種念法)에 비하여 대단히 얻기가 용이하여, 상중하근(上中下根)을 막론하고 다만 능히 염할 수만 있으면 성공하지 못할 이가 없으며, 염이 일심불란하게만 되면 곧 삼매를 얻게 된다. 이렇게 하여 얻은 삼매가 **염불삼매(念佛三昧)**

이다.

지명염불법(持名念佛法)은 이천년이 지나도록 불문대덕(佛門大德)이 끊임없이 제창하고 실행한 결과, 가장 보편하여 깊이 민간에까지 파고 든 불법이 되었다.

이렇게 닦으면 반드시 성취하며, 삼근을 널리 이익 되게 하며, 영리하거나 둔한 이를 모두 거두어 주는 까닭에, 그 제도·해탈(度脫)한 사람 수를 두고 말하면 각 종(宗)이 능히 그 목덜미에도 미치지 못한다. 불법이 전한 이래 10분의 7~8 이상은 득도했으니 말이다. 그러므로 만약 도탈(度脫)한 수량 한 가지만을 가지고 계산한다면 각 종은 아무 말도 하지 못하고 얼굴을 돌리고 말 것이다. 그러나 사실은 이 법문이 함유하고 있는 넓고 깊은 도리는 각 종에 비교하여 절대 손색이 없을 뿐만 아니라, 각 종이 소유하고 있는 정수(精髓)마저 포함하지 않음이 없으니, 실로 각 종(宗), 대성(大成)의 왕연(汪然)한 기상을 모두 적집하였다 할 것이다.

이런 까닭에 효과로 말하거나 학리(學理)로 말하거나 쉽고 어려움을 가지고 논하더라도 확실히 모두 탁연(卓然)히 독보하여 다른 것에는 비견할 것이 없을 것이요, 동시에 세인이 염불법문을 경시하여 우부우부(遇夫遇婦)들이나 닦을 것이라 하는 자는, 자신이 바로 우부우부(遇夫遇婦)여서 염불법문 속에 함유하고 있는 원리를 털 끝만큼도 아는 것이 없는 줄을 알아야 할 것이다. 만약 저가 참으로 알고 있었다면 정토의 이 방편법문에 대하여 당연히 옷을 걷고 오체투지 하여야 할 것이다.

2. 각종 지명(持名: 칭명) 방법

소위 염불이라 하거나 명호를 집지(執持)한다는 것은, '나무아미타불'이라 하거나 혹은 '아미타불'하고 염하는 것을 두고 말한다. 이 여섯 자는 인도의 글을 음역(音譯)한 것이다.
만약 의역(意譯)한다면 '나무(南無)'는 경례(敬禮)나 혹은 귀의(歸依)요, '아(阿)'는 무(無)요, '미타(彌陀)'는 양(量)이요. '불(佛)'은 각자(覺者)로서, 이 여섯 자를 합하면 '무량각자(無量覺者)에게 경례한다'는 뜻이다. 이 아미타불께서는 극락국의 교주로서, 일찍이 원을 세우시되 "누구든 나의 이름을 염하면 이 사람의 명이 다할 때에 금방 와서 접인(接引)하여 나의 국토에 왕생케 하리라" 하였으니, 이것이 후인(後人)이 부처님의 명호(名號)를 칭념하게 된 근거이다.

《미타경》에 말하기를 "저 부처님의 수명과 그의 백성이 무량무변(無量無邊)하며 아승지겁(阿僧祇劫)이므로 아미타(阿彌陀)라 한다" 하였다. 그러므로 어떤 이가 저를 '무량수불(無量壽佛)'이라 일컫거나, 불호(佛號)를 염할 때 '나무무량수불(南無無量壽佛)'이라 하여도 무방할 것이다. 다만 '무량수(無量壽)'라고 할 경우에는 '무량' 두 자가 겨우 수명에만 한정된 것이므로 그 범위나 뜻이 한정되고 제약을 당하게 된다. 그러므로 '나무아미타불' 하고 부르는 것만은 못하다. 왜냐하면 이 부처님께서는 수명

이 무량한 외에 광명과 존엄과 자비(慈悲), 공덕(功德), 신통(神通), 지혜(智慧) 등이 모두 무량하시므로 절대 겨우 어느 한 항목만을 지적하고 다른 항목은 말살할 수 없기 때문이다. 이런 까닭에 '무량수(無量壽)'라고 부르는 것이 '아미타'라고 부르는 것만 못하다.

염불할 때의 환경이나 심경, 혹은 염불하는 사람의 근기에 따라서 그 적절한 염불하는 방법이 갖가지로 다를 수 밖에 없으므로, 매 방법마다 모두 나름대로의 작용과 특징이 있으니, 행인(行人)이 염불할 때 아래에 열거한 적합한 방법을 스스로 잘 선택하여 실행하는 것이 좋을 것이다.

만약 어떤 방법으로 염불할 때 이것으로는 그 당시의 심경을 진정시킬 수 없다고 생각되면 다른 방법으로 바꾸어도 무방하며, 한번 바꾸고, 다시 바꾸고 수십 번 바꾸어도 해로울 것은 없다. 다만 이 상황에서 능히 마음을 안정시키고 망념(妄念)을 제거할 수 있는 것이 이 상황의 가장 좋은 방법인 것이다. 비유하자면 병을 치료하는 데는 병을 치료하기에 좋은 것이 곧 양약(良藥)인 것과 같은 것이니, 중생의 망념이 병이요. 부처님의 명호가 약이요, 염불하는 것이 바로 묘약인 것이다.

지명법(持名法)은 원래 '정토수행의 방법'장에서 다룰 내용이었으나, 중요한 문제이므로 특별히 '각종염법(各種念法)'으로 나누어 아래에서 자세히 설명하려 한다.

가. 고성념(高聲念)

염불할 때 큰 소리로 전신의 힘을 다하여 '나무아미타불' 하고 부처님의 명호를 부르는 것이다. 이 방법은 기운을 소모하고 목을 쉬게 하므로 오래 지속할 수는 없다. 다만 혼침(昏沈)과 게으름을 대치하여 계속 일어나는 잡념을 제거하기에 좋은 방법이다. 행자(行者)가 염불할 때 혼혼하여 잠이 오려 하거나 생각이 흐리멍텅하면 용맹스럽게 정신을 차려 큰 소리로 또렷또렷하게 염하면 금방 머리가 개운하고 정념(正念)이 회복되어 전과 같이 무궁한 활력과 강력한 작용이 솟아나는 것을 느낄 것이며, 아울러 곁에서 이 소리를 듣는 자로 하여금 염불하는 마음을 일으키게 할 것이다.

옛날 영명(永明)선사가 항주 남병산(南屛山)에서 염불할 때, 산 아래 길 가는 사람이 그 소리가 천악(天樂)이 허공에서 울리는 듯 분명하고 크게 들려오는 것을 들을 수 있었다 하니, 바로 이 염불 방법을 쓴 것이다.

나. 묵념(默念)

염불할 때 겉으로 보기에는 입술만 움직일 뿐, 소리는 내지 않으나 '나무아미타불' 하고 염하는 것은 행자의 심식(心識) 중에서 분명하고 또렷또렷하므로 마음이 다른 곳으로 달아나지 않고 정념(正念)이 한 덩이를 이루게 된다. 그러므로 그 효과는 소리를 내는 것에 비하여 부족함이 없다. 이 방법은 누워있을 때나 목욕할 때나 병이 들었을 때나 변소갈 때 등에 적합하며, 그 외 소리를 내기에 불편한 상황이나 공공장소에서 적합하다 하겠다.

다. 금강념(金剛念)

염불할 때 음성이 크지도 작지도 않고 중간으로 하되, 한편 염하면서 한편 그 소리를 자신의 귀로 듣는다. 넉 자 '아미타불'이나 여섯 자 '나무아미타불'을 막론하고 한 자 한 자를 분명히 염하고 들으면, 생각이 다른 곳으로 달아나지 않고 자연히 마음이 안정된다. 이 염법은 매우 효력이 크므로 금강(金剛)에 비유한 것이다. 금은 긴밀함을 비유하였으니, 긴밀하면 외경에 빠져들지 않을 것이요, 강은 견고함을 비유하였으니, 견고하면 잡념이 능히 파괴하지 못하는 것이다. 각종 염불방법 중에서 이것이 가장 널리 쓰이고 있다.

라. 각조념(覺照念)

염불할 때 한편 부처님의 명호를 부르면서 한편으로는 자성을 회광반조(廻光返照)하는 방법이다. 이렇게 하면 나의 마음과 불심(佛心), 나의 몸과 불신(佛身)이 한 덩이가 되어 환하고 또렷또렷히 시방에 꽉 차며, 모든 산하대지의 방사(房舍)나 기구(器具)가 일시에 소재(所在)를 잃어버리며, 내지 자기의 사대색신(四大色身)도 어느 곳에 있는지 알지 못한다. 이와 같이 되면 보신(報身)이 죽기 전에 이미 적광(寂光)을 증득하며 불호(佛號)를 처음 부를 때 곧 삼매에 들어가서 범부의 몸으로 부처님의 경계에 참여할 수 있으니, 이보다 빠른 법은 없을 것이다. 애석한 것은 상상근인(上上根人)이 아니면 능히 깨닫고 실행할 수 없으므로 제도할 수 있는 근기가 비교적 좁은 것이 흠이라 할 것이다.

마. 관상념(觀想念)

염불할 때 한편으로는 부처님의 명호를 부르면서 한편으로 부처님의 존엄한 신상이 분명히 나의 앞에 서 계시면서, 손으로 나의 머리를 어루만지시기도 하고 혹은 옷으로 나의 몸을 덮어주시는 것을 관상하는 방법이다. 또한 관음·세지가 부처님 곁에 서 계시면서 모든 현성(賢聖)이 나를 위요(圍繞요)함을 관상하며, 혹은 극락국의 금지(金池)와 보지(寶池), 화개(花開), 조명(鳥鳴), 보수(寶樹), 나망(羅網) 등이 빛나고 화려한 것을 관상한다. 만약 관상이 깊어지면 몸이 그대로 극락국에 노닐 것이요, 설사 깊지 못하더라도 염불의 조연(助緣)이 되어 정업(淨業)을 성취하기에 손쉬울 것이다. 만약 오래오래 관하고 성숙하게 하여 평소에도 심목(心目) 중에 또렷이 있어서 하루아침에 보체(補體)가 죽더라도 차방(此方)의 진연(塵緣)에 끌리지 아니하면, 극락국의 승경(勝境)이 일제히 앞에 나타날 것이다.

바. 추정념(追頂念)

염불할 때 위의 금강념과 같은 방법을 쓰되, 다만 글자와 글자 사이와 글구와 글구 사이를 연속하여 지극히 긴밀하게 하여, 한 글자가 한 글자를 뒤쫓으며 한 글구가 한 글구를 이어서 중간에 조그마한 틈도 없이 함으로 추정념이라 말한다. 이렇게 앞을 뒤쫓아 서로 긴밀하게 하여 조그마한 틈도 두지 않기 때문에 잡념이 들어올 틈이 없는 것이다. 이 법으로 염불할 때는 정신이 긴장하고 마음과 입이 항진(亢進)하여 정념의 위력이 다른

것보다 초과하므로 무명심상(無明心想)으로 하여금 잠깐 사이에 고요한 경지에 들어가게 하는 것이다. 이 염법은 효력이 지대하므로 정업행인(淨業行人)이 흔히 이 방법을 채용한다.

사. 예배념(禮拜念)

염불할 때 한편으로 염불하면서 한편으로 절을 하는 방법이다. 다만 일구를 염하고 한번 절하거나, 자구는 상관하지 않고 염하면서 절하고, 절하면서 염하여 염과 절을 병행하여 몸과 입을 합하게 하며, 게다가 마음속에 부처님을 생각하면 삼업(三業)이 집중하고 육근(六根)이 모두 섭수하게 된다. 이 방법은 우리 몸에서 능히 작용이 발생하는 기관(器管)을 모두 염불하는데 쏟아 넣어 염불 이외의 일이나 염불 이외의 생각은 조금도 용납치 않는 방법이다. 그렇기 때문에 이 방법은 특별한 정진이므로 효력도 특별히 크다. 다만 절을 오래하면 몸도 피로하고 숨도 차므로 다른 방법과 겸용하는 것이 좋을 것이요, 이 방법만을 전용하는 것은 무리일 듯하다.

아. 기십념(記十念)

염불할 때 염주로써 수를 헤아리되, 열 번 불호(佛號)를 염하고 한 알의 염주를 넘기는 방법이다. 이와 같이 마음속으로 염불을 하면서 수를 기억해야 하므로 전념하려 하지 않아도 저절로 전념해지는 것이요, 만약 전념하지 않을 때는 수목(數目)이 착란해지고 마는 것이다. 그러므로 이 방법은 억지로 전념하게 하는 방편이므로 잡

념을 퇴치하는 데에 지극한 공효(功效)가 있다.

자. 십구기념(十口氣念)

염불할 때 다만 추정법(追頂法)을 써서 염하되, 한 번 숨을 들이마셔서 내뿜을 때까지 계속 염불하는 것을 **일구념(一口念)**이라 하고, 이와 같이 열 번 하는 것을 **십구기(十口氣)**라 한다. 이 방법은 염불할 여가가 없이 매우 바쁜 사람을 위하여 특별히 시설한 방편법으로, 십구기를 마칠 때까지는 대략 5분 남짓 소요된다. 이렇게 매일 한 번씩만 십구기를 하여도 능히 극락국에 왕생할 수 있으니, 비록 매우 바쁜 사람일지라도 능히 이렇게는 할 수 있을 것이다.

이것은 미타 제18원에 "시방 중생이 나의 나라에 태어나고자 하면서 십념(十念)만 하고서도 만약 왕생치 못하면 정각을 이루지않겠나이다"라고 한 원문(願文)을 근거하여 시설한 것이다. 고인의 연구결과에 의하면 소위 십념이란 곧 십구기를 두고 말하는 것이라 하였다. 이를 보면 부처님의 원력이 매우 광대하며 정토법이 또한 매우 진실한 것임을 알 수 있을 것이니, 그러므로 비록 십념만 하더라도 임종에 부처님이 와서 반드시 영접하는 것이다.

차. 정과념(定課念)

염불하는 데 있어서 가장 걱정스러운 것은, 처음은 부지런히 시작했다가 나중에 가서는 나태하여 항심(恒心)이 없는 것이다. 그래서 고금의 행인이 염불할 때에 하루에 일정한 양을 정해놓고 어김없이 실행함으로 해서 도심

이 물러가지 않게 하는 방법이다.
불호(佛號)의 양에는 구애됨이 없이 고인들은 매일 십만 념 혹은 칠만, 오만 등을 정해놓고 항상 이를 실천하였으니, 그 정진력을 알 수 있겠다. 다시 말하면 이 방법은 환경과 자신의 역량을 참작하여 일정한 양을 정하되, 한번 정한 후에는 어떤 바쁜 일을 막론하고 기필코 정한 수를 채워야 할 것이요, 부득이 그렇게 하지 못했을 경우에는 다음 날 반드시 부족한 양을 채워서 염불하는 습관을 길러야 한다.
만약 처음 시작할 때는 용기백배하여 너무 많은 양을 정했다가 뒤에 가서는 감당치 못하면 이것도 좋지 않으며, 처음부터 너무 적게 정하면 나태하기 쉬우므로 이것도 옳지 않다. 그러므로 양을 결정할 때는 자세히 요량해야 할 것이다.

카. 사위의중개념(四威儀中皆念)

행자(行者)가 정종(淨種)이 순숙해지면 염불이 저절로 정진이 되어 양을 정하는 것으로 만족치 않고, 양을 정한 외에 낮이나 밤이나 상관없이 잠들기 전에는 거의 염하지 않는 때가 없는 것이다. 이것이 '사위의 중 개념'으로서, 이렇게 오래하여 습관이 되면 일구의 미타가 영원히 입에서 떠나지 않을 것이다. 이러한 예는 고인의 왕생전(往生傳)에서 흔히 볼 수 있다.
어떤 대장장이는 쇠를 두들기면서 염불을 끊이지 않았으며, 어떤 대장장이는 콩을 갈면서 염불을 잃지 않더니, 최후 염불소리가 끊어지면서 그대로 서서 죽었던 것이다. 이런 이야기는 모두 우리의 본보기가 될 것이다. 과연 이런 정도에까지 이를 수 있다면 양을 정하든 정하지 않든 그런 것은 별문제가 되지 않는다.

타. 염불념개념(念佛念皆念)

위에서 말한 사위의중개념은 구념(口念)을 가리킨 것이나, 여기서 말하는 염불념개념의 개념의 염자(念字)는 심념(心念)을 지적한 것이다. 곧 입으로 염하거나 입으로 염하지 않거나 관계없이 심중에서 늘 염불하고 있다는 것이다. 이 방법은 입으로 염불할 때에도 심중에서 염불하고 있으며, 입으로 염불하지 않을 때에도 심중에서 염불하는 것이니, 곧 지명(持名) 외에 관상(觀相)이나 관조(觀照)할 때에도 바로 지명 중에 있는 방법이다. 그러므로 단지 구념할 때만 관상하는 것과는 같지 않다. 행자가 만약 이러한 경지에 이를 수 있으면, 어느 때 어느 경우와, 입으로 염하든 염하지 않든 관계없이 심중에서 늘 부처님을 생각하여, 정념이 견고하기가 철벽과 같아서 바람이 불어도 들어올 틈이 없고, 차 넘어뜨리려 하여도 파괴되지 않아서 조그마한 세념(細念)이나 잡념(雜念)도 없을 것이다. 이때는 염불삼매가 이루려 하지 않아도 저절로 이루어져서 저 국토에 태어나는 것은 마치 보증서를 받아둔 듯하리라.

고인이 말하기를 “염하되 염하지 않으며, 염하지 않으면서 염한다” 한 것이 바로 이러한 경계이다. 만약 염불한 지가 오래되고 공행이 순숙하지 않으면 절대 이런 경지에 이를 수 없을 것이니, 그러므로 초학자가 능히 행할 수

있는 법은 아니다.

세인들은 급하지도 않은 일에는 서로 앞다퉈 쫓아다니지만,
생사윤회를 벗어나는 일에 관심조차 두지 않는구나!
지극히 악독하고 괴로움이 가득 찬 세상에서
몸과 마음을 고달프게 부리면서 세상일 하느라 고생하며
자신의 욕망을 채우기 위해 쓸데없이 바쁘게 살아가는구나.
-석가세존, 〈무량수경〉에서

五. 극락국토에 왕생하려는 원(願)을 세워라

1. 발원의 중요성

우익대사는, "왕생하고 왕생하지 못하고는 순전히 신[信: 믿음]과 원[願: 바람]이 있고 없는데 관계되며, 품위(品位)의 높고 낮음은 염불하는 정성이 깊고 얕은데 기인한다" 하였다.

그러나 행자에게는 극락국의 품위가 문제가 아니라 왕생할 수 있느냐 없느냐 하는 것이 문제라고 할 수 있다. 왜냐하면, '신'과 '원'이 있으면 염불은 하지 않을래야 않을 수 없고, 염불이 일심불란에 이르면 왕생은 하지 않을래야 않을 수 없기 때문이다.

'신'과 '원'과 '행'이 정토의 세 가지 자량인 것은 위에서 말한 적이 있는데, 이 자량이 구족하지 않으면 절대 왕생하지 못한다. 그러므로 발원은 정토법에 있어서 매우 중요한 위치를 차지하고 있다.

아미타불이 옛적에 48대원을 발함으로써 극락국의 연기(緣起)가 되었고 그 후로 시방중생들도 왕생을 발원함으

로써 정행(淨行)의 근거가 되었으니, 부처님께서는 접인(接引)하기를 원하셨고 중생은 왕생하기를 원하여 이 두 가지 원이 완전해야만 나 자신과 부처님 두 가지 힘이 비로소 완비하게 된다. 그러므로 정업을 닦는 자는 반드시 왕생원(往生願)을 발해야 하는 것이다.

미타의 48대원 중 제19원에서 분명히 말씀하시기를, "만약 어떤 사람이 지극한 마음으로 발원하여 나의 국토에 왕생하고자 하는 이는, 수명이 다하면 내가 반드시 와서 접인하리라" 하였으니, 원이 있으면 반드시 왕생할 수 있다.

또한 《아미타경》에서 부처님이 사리불에게 말씀하시기를, "만약 어떤 사람이 이미 발원한 적이 있거나 지금 발원하거나 당래(當來)에 발원하여 아미타불의 국토에 태어나고자 하는 사람은 모두 아뇩다라삼먁삼보리에서 퇴전(退轉)치 아니하여, 저 국토에 이미 태어났거나 지금 태어나고 있거나 당래에 태어나리라" 하셨으니, 이 말씀은 금생에 발원하면 금생에 반드시 왕생하리라는 뜻이다.

《화엄경》에도, "사람이 목숨을 마치는 최후 찰나에 모든 감각기관이 무너지고 모든 권속도 떠나가며 모든 권세도 물러가지만, 오직 이 원왕(願王: 발원 중의 으뜸)만은 떠나지 아니하여 언제나 이 사람을 인도하여 일찰나 중에 극락세계에 왕생케 한다." 하셨으니, 이것으로 발원의 중요성을 엿볼 수 있다. 이렇게 보면, 극락세계에 왕생하기를 발원하는 것은 정토행자가 반드시 실행해야 할 하나의 매우 중요한 사실인 만큼, 이를 소홀히 하여 큰 이익을 잃지 말라.

고금의 행자들은 누구나 극락에 왕생하기를 발원하였으므로, 동시에 발원한 글도 매우 많다. 그 중에서 자구(字句)는 여러 가지 자세한 것도 있고 간단한 것도 있지만, 그 내용을 보면, "원컨대 이 세상에서 목숨이 다한 후에 극락세계에 왕생하여지이다" 하는 것에 불과하다.

그 가운데 연지대사와 자운참주의 발원문과 대자보살의 발원게(發願揭) 등이 가장 자세하고 훌륭하다. 너무 번거롭지도 않고 너무 간단하지도 않는 것을 든다면 자운참주의 발원문이 가장 적합한 듯하다. 여기서는 앞 사람의 발원문 몇 편과 발원의식을 아래에 초록(抄錄)하였으니 참고하기 바란다.

행자가 발원할 때 부처님 앞에서 지극한 마음으로 전체 내용을 생각하면 이미 발원한 것으로 간주되어 목숨이 다할 때 반드시 부처님의 접인을 입어 극락국토에 왕생할 것이다.

스스로 원문(願文)을 지어도 상관없지만, 다만 "나의 지금 이 염불인연으로 저 정토에 왕생하기를 바라나니, 원컨대 이 목숨이 다할 때 부처님께서 와서 접인하셔서 극락세계에 왕생케 하옵소서." 하는 내용은 분명히 들어

있어야 한다.

왜 이렇게 미리 발원해 두어야 하는가 하면, 정토를 닦는 사람이 공부가 아직 익지 못했으면 죽음에 다달아 병이 위중하여 정신이 혼미한 상태에 빠질 수도 있고, 권속과 애정을 버리지 못한 까닭에 분별 없는 미련에 빠질 수도 있기 때문이다.

또한 버리고 가는 전답이나 재산을 잊지 못하여 비통에 빠질 수도 있고, 분한 마음과 원망을 쉬지 못하여 어리석은 원한에 빠질 수도 있으며, 그 밖에 뜻하지 않은 죽음을 당하면 임종할 때 극도로 고통스러워 절대로 염불할 수가 없고, 혹은 시간이 급박하여 미쳐 염불할 겨를이 없을 경우에 만약 부처님이 그 사람 앞에 나타나지 않으면 정념(正念)이 일어나지 않을 뿐만 아니라 고통과 원망으로 인하여 삼악도에 떨어지고 말 것이다. 이러한 이유로 반드시 미리 부처님께서 와서 접인해 주시기를 청해 두어야만 비로소 안심할 수 있다.

발원할 때는 절에 가서 향을 피우고 절한 후에 불전(佛前)에 꿇어앉아 발원하거나 그러지 못할 경우에는 각자 집의 불상 앞에서 행하여도 무방하다. 불상을 모시지 못했을 경우에는 '나무시방삼세불보살(南無十方三世佛菩薩)' 이라고 써서 벽에 붙여놓고, 이를 대하여 향을 피우고 발원해도 무방하다. 그러나 반드시 귀신 앞에서는 하지 말라.

2. 고인(古人)의 발원문과 발원의식

가. 고인의 발원문

1) 연지대사(蓮池大師) 발원문

극락세계에 계시옵서 중생을 이끌어 주시는 아미타불께 귀의하옵고, 그 세계에 가서 나기를 발원하옵나니, 자비하신 원력으로 굽어살펴 주시옵소서.

저희들이 네 가지 은혜 끼친 이와 삼계 중생들을 위하와 부처님의 위없는 도를 이룩하려는 정성으로 아미타불의 거룩하신 명호를 일컫삽고 극락세계에 가서 나기를 원하나이다.

업장은 두텁고 복과 지혜 엷사와 더러운 마음 물들기 쉽삽고 깨끗한 공덕 이루기 어렵삽기, 이제 부처님 앞에서 지극한 정성으로 예배하고 참회하나이다.

저희들이 끝없는 옛적부터 오늘에 이르도록 몸으로 입으로, 또 마음으로 한량없이 지은 죄와 한량없이 맺은 원수 모두 녹여 버리옵고, 오늘부터 서원 세워 나쁜 짓 멀리하여 다시 짓지 아니하고, 보살도 항상 닦아 물러나지 아니하여 정각(正覺)을 이루어서 중생을 제도하려 하

옵나니, 아미타부처님이시여! 대자대비(大慈大悲)하신 원력(願力)으로 나를 증명하시며, 나를 어여삐 여기시며, 나를 가피하시사 삼매에서나 꿈속에서나 아미타불의 거룩하신 상호를 뵈옵고, 아미타불이 장엄하신 국토에 다니면서 아미타불의 감로로 뿌려주시고, 광명으로 비춰주시고, 손으로 만져주시고, 옷으로 덮어주심 입사와 업장은 소멸되고, 선근(善根)은 자라나고, 번뇌는 없어지고, 무명(無明)은 깨어져서 원각(圓覺)의 묘한 마음 두렷하게 열리옵고 상적광토(常寂光土)가 항상 앞에 나타나지이다.

또 이 목숨 마치올 제, 갈 시간 미리 알아 여러 가지 병고액난(病苦厄難) 이 몸에 없어지고, 탐진치(貪瞋癡) 온갖 번뇌, 마음에 씻은 듯이 육근(六根)이 화락(和樂)하고, 한 생각 분명하여 이 몸을 버리옵기 정(定)에 들 듯 하옵거든, 그때에 아미타불께서 관음·세지 두 보살과 모든 성중(聖衆) 데리시고 광명 놓아 맞으시며 손들어 이끄시사, 높고 넓은 누각들과 아름다운 깃발들과 맑은 향기 고운 풍류 거룩하온 극락세계 눈앞에 분명커든, 보는 이 듣는 이들 기쁘고 감격하여 위없는 보리마음 다 같이 발하올 제, 이내 몸 고이고이 금강대에 올라 앉아 부처님 뒤를 따라 극락정토 나아가서 칠보로 된 연꽃 속에 상품상생 하온 뒤에, 불보살 뵈옵거든 미묘한 법문 듣고 무생법인(無生法忍) 깨치오며 제불(諸佛)을 섬기옵고 수기를 친히 받아 삼신사지(三身四智)와 오안육통(五眼六通)과 백천 다라니와 온갖 공덕을 원만하게 이루어지이다.

그리한 후 극락세계를 떠나지 아니하고 사바세계에 다시 돌아와 한량없는 분신으로 시방 국토 다니면서 여러 가지 신통력과 여러 가지 방편으로 무량중생 제도하여 탐진 삼독(三毒) 여의옵고 깨끗한 참 맘으로 극락세계 함께 가서 물러나지 않는 자리에 오르게 하려 하오니, 세계가 끝이 없고 중생이 끝이 없고 번뇌 업장이 모두 끝이 없사올새 이 내 서원도 끝이 없나이다.

저희들이 지금 예배하고 발원하여 닦아 지닌 공덕을 온갖 중생에게 베풀어 주시어 네 가지 은혜 골고루 갚사옵고 삼계 유정들 모두 제도하여 다 같이 일체종지(一切種智)를 이루어지이다.
- 운허스님 번역문을 인용함

2) 자운참주(慈雲懺主) 발원문

일심으로 극락세계의 아미타불께 귀의하나니, 원컨대 청정한 광명으로 저를 비춰주시고 자비한 서원으로 저를 섭수하소서, 제가 지금 정념(正念)으로 여래 명호를 부르며 보리도를 위하여 정토에 태어나기 원하나이다.

부처님의 옛적 본서(本誓)에, "만약 어떤 중생이 나의 국토에 왕생코자 하여 지극한 마음으로 믿고 즐거워하며, 하다못해 십념(十念)만으로도 왕생하지 못하면 정각을 이루지 않겠나이다." 하였으니, 이 염불인연으로 여래의 큰 서원의 바다 속에 들어가서 부처님 자비의 힘을 받아 여러 가지 죄악 소멸하고 선근은 자라나서, 이 목숨 마치려할 때 스스로 때가 된 줄 알아 몸에는 병이 없고 마음에는 탐하고 연연함이 없으며 뜻은 전도되지 않아 마치 선정에 든 듯 하여지이다.

부처님과 보살이 손에 금대를 들고 오셔서 나를 맞이하시면 잠깐 사이에 극락국에 태어나 꽃이 벌어지면 부처님을 뵙고는 곧 불승(佛乘) 설하시는 것을 듣고 금방 부처님 지혜가 열려 중생을 널리 제도하여 보리원(菩提願)을 만족해지이다.

시방삼세일체불
일체보살마하살
마하반야바라밀

3) 대자(大慈)보살 발원문

시방삼세 부처님 중에 아미타가 제일이시니, 구품으로 중생을 제도하시어 그 위덕 끝이 없나이다.

제가 이제 깊이 귀의하옵고 삼업의 죄악 참회하옵나니, 무릇 제가 지은 복과 선행 지심(至心)으로 회향하여 원컨대 염불인과 함께 감응이 때에 따라 나타나며, 임종에 서방의 경계 분명히 눈앞에 있어, 보고 듣는 이 모두 정진하여 함께 극락국에 왕생하여 부처님을 뵈옵고 생사를 깨달아 부처님과 같이 일체 중생을 제도하여 모두 불도를 이루어지이다. 허공은 끝이 있을망정 저의 발원은 끝이 없나이다.

4) 간단한 우리말 발원문

나무아미타불! 제가 이제 발원하옵나이다. 제가 죽은 후에 극락세계에 왕생하기를 원하옵나니, 부처님께서 그때 오셔서 저를 맞이해주소서.

나. 발원시의 의식

부처님의 명호를 부르되, 양에는 구애될 것이 없다. 많을수록 좋다.

1) 나무 시방삼세불보살(3회), 절(3번)

2) 나무 시아본사 석가모니불(3회), 절(3번)

3) 나무 서방극락세계 대자대비 접인도사
아미타불(3회), 절(3번)

4) 나무관세음보살(3회), 절(3번)

5) 나무대세지보살(3회), 절(3번)

6) 나무청정대해중보살(3회), 절(3번)

7) 발원문을 읽는다.

“( )년 ( )월 ( )일, 대한민국 ()시(군) (주소) 거주 ( )생 (이름)이 지금 발원하옵나니, 원컨대 저의 목숨이 다할 때 아미타부처님의 접인을 입사와 극락세계에 왕생하여지이다.”
하고 축원한다.

이것은 발원하기 전에 위의 여러 제불보살께 먼저 예배하고 증명해 주시기를 간청한 것이니, 그런 후에 발원하면 증명하심도 구족하게 된다.

발원한 후에 다시 생년월일과 발원하는 사람의 성명과 발원하는 곳을 밝힌다. 이렇게 한 후에는 발원한 일이 확고하게 되어 도저히 없어지지 않으니, 죽은 후에 왕생하는 것은 의심할 나위가 없다.

이렇게 하면 자신은 마음속에서 깊이 확신할 뿐만 아니라, 석가와 미타와 그밖에 제불보살께서는 그 책임을 지지 않을 수 없다.

(중략)

六. 나머지 이야기

1. 불국토에 태어나지 않으면 반드시 악도에 떨어진다

시방세계를 크게 나누면 두 분야가 있으니, 하나는 불국(佛國)이요 하나는 삼계(三界)다. 불국에 태어나는 이는 이미 분단생사(分段生死: 분한分限과 형단形段으로 수명과 과보에 장단이 있는 범부의 생사)를 벗어났으나 삼계에 태어나면 분단생사(分段生死)를 벗어나지 못한다.

세상 사람들이 만약 오계(五戒)나 십선(十善)만을 닦고 염불하지 않으면 부처님과 인연을 맺지 못하며, 그로 인하여 팔식전(八識田) 중의 출세간(出世間) 무루종자(無漏鍾子)가 일어날 원인이 없기 때문에, 흔히 천도(天道)에는 태어날 수 있으나 불국(佛國)에는 태어나지 못한다.

다만 천상계의 수명은 등급과 한계가 있기 때문에 마침내 복이 다하고 과보가 마칠 때가 있으며, 그때가 바로 한 번 생사를 거치는 때이며, 또한 하늘에 태어난 선성(善性)의 종자도 없어지게 되는 것이다.

그 후 다시 성숙한 종자가 만약 '상품 십선'에 속하면 하늘에 태어나게 되고, '중품 십선'이면 인간에 태어나며, '하품 십선'이면 아수라에 태어나게 된다. 또한 '상품 십악'이면 지옥에 태어나고, '중품 십악'이면 아귀에 태어나며, '하품 십악'이면 축생 중에 태어난다.

왜냐하면 이 육도의 종자는 어느 것이나 윤회하는 성질을 가지고 있어서 서로서로 성숙하게 하기 때문에 육도는 반드시 두루 거칠 수밖에 없는 것이다.

다만 일체중생의 사상과 행위가 신견(身見: 오온五蘊이 거짓으로 화합한 이 몸뚱이를 상일주재常一主宰한 '나'라고 망령되이 집착하며, 또한 아我에 따른 기구와 권속을 나의 소유라고 생각하는 견해)과 아집(我執: 아我가 존재한다고 집착하는 것)으로부터 출발하여 악은 많고 선은 적었으므로 삼악도에 머무는 기간이 삼선도에 비하여 길고 오랠 수밖에 없다. 부처님이 말씀하시기를 "중생은 삼악도로써 고향인 줄 안다" 하셨으니, 바로 이런 까닭이다.

이러한 이론을 근거로 생각해 보면, 일체 중생이 만약 불국에 태어나지 않으면 반드시 악도에 떨어질 것이요, 편안히 불국에 태어나려면 반드시 '염불'을 해야 한다는 것을 알 수 있을 것이다. 이러한 이치는 영원히 깨뜨릴 수 없는 진리이다.

2. 정토종(淨土宗)은 말법에 독보(獨步)할 것이다

옛날에는 비록 부처님께서 열반에 들었으나 정법(正法)이 아직까지 융성하여 중생의 업장이 가볍고 복은 두터웠으므로 어떤 법을 닦든 모두 성취할 수 있었지만, 상법(像法: 정법시대와 비슷한 시기라는 뜻. 부처님이 입멸한 후 1천 년 동안을 말함)시대로 내려와서는 성인의 때와 점점 멀어지고 인심도 점점 전과 같지 못하였으며 생각들도 점점 혼란해져서 열 사람이 수행하면 한 사람도 도를 얻는 이가 드물다.

다시 요즘 같은 말법(末法)에 이르러서는 풍속이 더욱 각박하여 그 극점에 달했으니, 진정으로 수도(修道)하려는 사람도 보기 드문 형편에 더욱 깨달음을 이야기하랴! 말법시대에는 인심이 더욱 변질되고 사상도 더욱 복잡해졌으므로 번잡하면서 전혀 자신의 힘만을 의지해야 하는 여타의 법문으로는 능히 성취할 수 없다. 그러므로 말법시대에 법운(法運)을 지탱할 수 있는 것은, 간단하면서도 자신과 부처님, 두 가지 힘을 갖춘 '염불(念佛)'이라는 하나의 문이 있을 뿐이다.

《대집경(大集經)》에서 말씀하시기를, "말법시대에는 수억인이 수행하더라도 한 사람도 도를 얻는 이가 드물 것이요, 오직 염불에 의지해야만 생사를 벗어날 수 있다" 하였으니, 각 종파가 쇠퇴한 후 법을 이끌어 중생을 구원할 법문은 오직 정토종 뿐이요, 선(禪)·교(教)·율(律) 등 각 종파는 장차 조연이 될 뿐 단독으로는 효과를 낼 수 없게 될 것임을 알 수 있다.

《무량수경(無量壽經)》에서 세존이 설하시기를, "후세에 경전이 없어질 때를 대비하여 내가 자비애민(慈悲哀愍)한 마음으로 특히 이 경을 남겨 백 년을 더 머물게 하였으니, 어떤 중생이든 이 경을 만나는 자는 원하는 대로 모두 득도할 것이다" 하였으니, 말법도 이미 지나고 경전이 없어진 후에 여래께서 자비애민하사 특히 정토란 한 법으로 백 년을 연장하여 중생을 제도할 인연을 남겨두신 것을 알 수 있는 것이다.

여래와 같이 깊은 지혜를 갖추신 분이 어찌 다른 법을 남겨두시지 않고 유독 정토만을 남겨두신 것일까? 이로서 말법중생은 오직 정토법을 닦아야만 비로소 생사를 벗어날 수 있음을 알 수 있다. 이렇게 보면 정토법은 확실히 지금부터 이후에 가장 중생의 근기에 맞는 불법이어서 말법시대를 독보할 것이다.

3. 혹업(惑業)을 끊지 않아도 성인의 무리에 참예할 수 있다

일체 중생이 생사에 떨어지는 것은 모두 무명혹업의 소치인데, 근본(根本)과 지말(枝末) 두 가지 무명(無明)이 삼계중생을 몰아서 육도(六道)를 두루 거쳐 갖가지 고통을 받게 하는 것이 **유전문(流轉門)**이요, 만약 보통의 수행법을 통하여 미혹을 끊고 겨우 진리를 깨달으며, 일부분 무명을 끊고 겨우 일부분 법신(法身)을 얻으면 이것을 **환멸문(還滅門)**이라 한다.

수행인이 미혹을 끊기 시작할 때부터 마지막 진리를 증득할 때까지 거쳐야 하는 경로는 매우 정확하고 편차가 없어서 자력(自力)만을 의지하면 3아승지(阿僧祇) 겁을 지난 후에야 무상정각을 얻어 아라한과에 오를 수 있으며, 삼계 **120품의 견혹(見惑)과 81품의 사혹(思惑)**을 끊어야 비로소 일을 마칠 수 있으니, 그 어려운 과정은 족히 짐작하고도 남음이 있을 것이다.

그러나 정토법을 닦을 경우에는 그렇지 않다. 생전에 무슨 행업(行業)을 지었건 상관없이 염하기만 하면 곧 왕생할 수 있고, 왕생하기만 하면 금방 불퇴전(不退轉)의 지위에 오를 수 있으니, 이것이야말로 무명혹업(無明惑業)을 끊지 않고도 성인의 무리에 참예할 수 있는 매우 편리한 법문인 것이다.

또한 왕생한 후에는 훌륭한 환경에 의지하여 자연스럽게 업장이 녹고 지혜가 밝아지며 공덕과 과덕이 원만해지는 것이, 마치 순풍에 돛을 달면 저절로 바다에 이를 수 있는 것과 같다. 이것이 타력(他力)을 빌리는 편리한 법문인 동시에 또한 정토법문의 특히 우월한 점이라 할 것이다.

이것은 우선 염불행자가 스스로 실행하고 체험할 일이므로 번거롭게 더 자세히 소개하지는 않겠다.

4. 다른 사람의 비웃음을 두려워하지 말라

세상의 수많은 사람들이 불법(佛法)을 수학(修學)하려 하면서도 남에게 비웃음을 살까 두려워하거나, 소극적이고 케케묵은 종교라 하거나, 늙은이들이나 하는 미신적인 짓이라 할까 두려워하여, 감히 공공연히 불법을 배우지 못하고 사람 없는 곳에서 몰래 닦곤 하는 것을 보게 된다. 염불하는 것도 마찬가지여서 남이 들을까 하여 몰래 하거나 소리를 낮추어 자기만 겨우 들릴 정도로 하는 것은 실로 편협한 소견이다.

불교는 물론 종교이며 동시에 세상에서 가장 높고 깊은 철학이다. 이 학문을 연구하고 다시 실천하면 실로 이치와 사실을 통섭하는 최고봉에 이를 수 있는 것이다. 이 이치에 따라서 연구하고 사실대로 실천하여 이(理)와 사(事)를 가지런히 하면 사람들에게 더없는 흡족함을 안겨줄 것이다. 다시 말하면 일상생활의 보잘것없는 일로부터 번뇌를 다하고 깨달음을 증득하는 깊은 이치에 이르기까지 포괄하지 않는 것이 없다.

이와 같이 미묘한 학문을 미신이라 하거나 소극적이고 케케묵은 것이라 한다면, 이것은 맹인이 명필을 평가하는 것이요 눈뜬 봉사라고 할 수밖에 없다. 사람들이 불법을 이해하고 있지 못하고 또한 마음을 비워 깊이 연구한 적도 없으면서, 단지 늙은이들이 염불하는 것만을 보고 염불은 보잘것없는 것이고 미신이라고 비평하는 자들이 있으니, 그들은 문외한인 탓이라 그다지 괴이쩍게 여길 일도 아니다.

우리는 이미 불교도인 만큼 저들과 같은 소견을 가질 수는 없다. 늙은이들이 하는 짓이라 하여 미신이요 케케묵은 일이라 한다면, 대세지 · 문수 · 보현 · 마명 · 용수 · 세친 등의 대보살과, 뇌차종 · 백거이 · 문언박 · 왕일휴 등 대거사는 어찌하여 모두 염불을 하였는가? 이렇게 보면 염불법문은 실로 범부로부터 성현에 이르기까지 낫 놓고 기역자도 모르는 무식자로부터 다섯 수레의 책을 읽은 풍부한 문인에 이르기까지 누구나 수행할 수 있는 보문대법(普門大法)임을 알 수 있는 것이다.

이렇게 아래로 범부와 위로 성인에 이르며 팔교(八教: 천태종에서 세운 부처님의 일대시교를 여덟 가지로 분류한 것)를 모자람 없이 섭수하는 정토종을 떳떳하게 사람들에게 알리지 못하고 도리어 남에게 웃음거리가 될까 두려워하겠는가? 만약 비웃는 자가 있다면 이들은 참으로 교의(教義)를 알지 못하는 맹인에 불과하고 비웃음을 살까 두려워하는 자도 역시 교의를 깊이 이해하지 못하는 맹인이라고 할 수밖에 없다.

불자가 부처님을 섬기되, 향을 사르거나 절을 하거나 경을 읽거나 참회하는 것은 물론이고 내지 부처님의 명호를 부르는 일거일동에 모두 깊고 미묘한 작용이 내재하

고 있어서, 능히 무시(無始)의 혹업(惑業)을 깨뜨리고 출세종자(出世種子)를 심을 수 있음을 알아야 한다.

나는 감히 사람들에게 삼가 권하노니 불사를 행할 때 다른 사람에게 비웃음을 살까 두려워하지 않을 뿐만 아니라 다른 사람에게도 이 법문을 수지(受持)하기를 널리 권하여 금덩이를 돌멩이로 오인하여 이를 내팽개치고 영원히 가난뱅이를 면치 못하는 짓을 하지 말라.

5. 산란한 마음으로 염불해도 공효(功效)가 있다

입으로 염불하면서 마음으로 부처님을 생각하는 것을 **정심념(定心念)**이라 하고, 입으로는 염불하면서 마음으로는 부처님을 생각하지 않고 다른 물건이나 일을 생각하는 것을 **산심념(散心念)**, 곧 산란한 마음으로 하는 염불이라 한다. 산심념은 정심에 비하여 효과적인 면에서 차이가 크니 결코 옳은 방법이라고 말할 수 없는 것은 물론이다. 그러므로 역대 대덕들이 모두 사람들에게 **정심염불(定心念佛)**을 하도록 가르쳤고 산심은 인정하지 않았던 것이다.

그러나 바깥의 일거일동이 모두 내면의 팔식에서 흘러나오는 것으로, 만약 산심염을 전혀 효과가 없는 것이라고 말한다면 이때 입속에서 하는 여섯 자는 어디에서 나오는 것인가?

이 여섯 자를 부를 때, 첫째 그 근원이 안에서부터 밖으로 나온 것이요, 둘째 훈습력(薰習力)으로 인하여 밖에서부터 다시 안으로 들어가는 것이다. 이렇게 보면 전혀 공덕과 효과가 없다고 말할 수는 없고 단지 정심에 비하여 비교적 낮은데 불과하다. 이런 이유로 고덕들은 산심을 제창하지는 않았으나 그 이론과 공용마저 부인하지는 않았다.

그러므로 고인의 게송에,

아미타 한 구절 법 중에 왕이여!
잡념이 분분해도 아무런 장애가 되지 않네.
만 리에 뜬 구름이 해를 가려도
인간 도처에 광명이 없지 않네.

하였으니 매우 합당한 말씀이다. 8식[아뢰아 식]의 정종(淨種)이 성숙하므로 말미암아 6식을 훈습하여 정념을 발생케 하며, 다시 6식이 전5식(前五識)을 인도하여 현행(現行)을 일으키게 하는 것이다. 다시 말하면, 정념이 6식을 투과할 때 진습(塵習)이 깊어서 심파(心波)가 치성한 까닭으로 염념(染念)에 빼앗김을 당하여 비록 두꺼운 한계를 뚫고 나가자면 한계가 있고 여분이 있으나, 예컨대 구름이 해를 가리고 있을 때 비록 구름이 완전히 흩어져서 태양의 광명이 통째로 쏟아지는 것 보다는 못하더라도 인간 도처에 여분의 광명이 없지는 않는 것과 같다. 바로 이 여분의 광명이 곧 산란한 마음으로 하는 염불의 공덕과 효과인 것이다.

그러므로 우리들이 이따금 산란한 마음으로 염불하더라도 이때 잡념이든 무엇이든 상관없이 염불 소리를 끊이지 않고 앞뒤를 긴밀히 이어가기만 하면, 한 시간을 염불하면 자연히 어지럽게 날뛰던 말이 제 구유로 돌아가고 마음의 원숭이도 자신의 동굴로 돌아갈 것이며, 다시 한 시간을 염불하면 정념이 분명하고 불심(佛心)이 가슴에 남아 있어서 굳이

조련하고 섭수치 않아도 자연히 이익을 얻게 되는 것이다. 그러므로 우리들이 일상에서 염불한다는 그 자체만을 중요시할 뿐이지, 산란한 마음에 대하여 지나치게 염려할 것이 아님은 이러한 까닭에서다.

옛사람은 걷거나 머물거나 앉거나 눕는 일상생활 속에서 언제나 염불하였다. 그들이 만약 정심(定心)만을 일관했다면 길을 갈 때는 발을 헛디디거나 부딪칠 염려가 있었을 것이요, 옷을 꿰매거나 글을 쓸 때 등에도 역시 이룰 수 없었을 것이니, 이를 미루어 어느 때는 산란한 마음으로 염불하기도 했던 것을 알 수 있다.

내가 여기서 결코 산란한 마음으로 염불하는 것을 제창하려는 것은 아니다. 다만 정심염불만 할 수 있다면 더 할 나위 없는 일이겠으나 **산심염불**도 또한 그만한 효과가 있다는 것을 말하려 한 것이다.

산심염불도 종자로부터 현행을 일으키고 현행으로부터 다시 8식을 훈습하니, 정심에 비해 훈습의 힘이 미약하다 하더라도 염불하지 않는 것에 비할 수 없는 것이 그 첫째 이유요, 산심도 긴밀히 염불한 후에는 자연히 정심으로 변하여 영원히 산심에만 머물지 않는다는 것이 그 두 번째 이유다. 이와 같은 두 가지 이유를 근거하여 산심염불을 반대하지 않는 것이다.

6. '아(阿)' 자만 있으면 나머지 자도 구족하다

행자가 '나무아미타불'을 염불할 때, 만약 마음이 산란하여 안정이 되지 않거든 제2장 제2절의 **'기십염법(記十念法)'**을 사용하여 염불 열 번을 부를 때마다 한 알의 염주를 돌려라. 그렇게 하면 한편으론 염불하랴 또 한편으론 숫자를 기억하랴 심력(心力)이 긴밀하여 다른 사물을 반연할 틈이 없다.

만약 이 열 번의 염불도 기억되지 않을 때는 단지 한 구절마다 '아' 자만을 뚜렷이 잡고 잊어버리지 말라. 그렇게 하면 나머지 글자는 저절로 그 가운데 갖추어져 있다. '아' 자를 부를 때 마음이 산란하면 나머지 글자도 이미 도망가 버린 상태다.

만약 마음이 안정되어 긴밀하게 생각을 잡아나가면 마음과 경계가 모두 혼연일체가 되어 그 양이 허공과 같을 것이다. 이때는 부처도 나도 없고 산하대지마저도 어느 곳으로 가버렸는지 알지 못한다. 글귀나 글자도 일체 존재하지 않는다. '아' 자도 마찬가지다.

다만 전에 존재하지 않았던 것은 글자가 도망가 버린 동시에 마음도 도망해 버렸고, 지금 존재하지 않는 것은 글자가 변하여 마음이 안정되게 된 것이다. 이때야말로 **염불삼매(念佛三昧)**를 얻은 것이며, 마음과 경계를 둘 다

잃어버린 현상이다. 처음 염불할 때 마음이 잡경(雜境)에 쏠려 존재하지 않았던 것과는 결코 같이 말할 수 없다.

염불할 때가 곧 부처님을 뵙는 때이다

사상(事)에서 부처님 명호를 수지함을 따라
이체(理)에서 부처님 명호를 수지함에 도달하면
범부의 마음(凡心)이 부처님의 마음(佛心)을 이룬다.
한 마디 한 마디마다 금강반야이고, 생각생각마다
미묘하고 밝은 본래마음(妙明本心)이 드러난다.
염불할 때가 곧 부처님을 뵙는 때이고,
부처님을 뵙는 때가 곧 성불하는 때이다.
念佛時卽見佛時 見佛時卽成佛時
-무량수경 심요

7. 그때그때 염불하고 늙고 병들 때까지 기다리지 말라

염불은 가장 시급한 일이다. 그러므로 할 수만 있다면 언제 어느 때를 막론하고 염불하여 늙거나 병들 때까지 기다려서는 안 된다. 부처님께서는 사람의 목숨은 호흡하는 사이에 있다고 하시면서 우리는 언제 어느 때고 죽을 가능성이 있음을 설파하셨다. 그러니 아무도 자신의 수명을 연장시킬 수 없고, 아무도 이를 보장할 수가 없다.

옛사람이 말하기를, "어제는 길에서 달리는 말처럼 뛰놀더니 오늘은 관속에서 이미 잠들어있네." 하였으니, 결코 귓전으로 흘려 들을 말씀이 아니다. 그러므로 죽음이 임박한 것에 대비하여 시시각각 언제나 염불을 잃지 말라. 이렇게 해야만 비로소 최후의 일찰나에 허둥지둥 몸둘 바를 몰라 하지 않게 된다. 나는 지금 건강하다, 차후 늙고 병들었을 때나 염불하리라고 생각해서는 안 된다. 그때는 이미 늦다. 이러한 계획은 전혀 착오다.

예전에 어떤 사람이 그의 벗인 장조유의 집에 가서 염불할 것을 권하였다. 그러자 장이, "나는 아직 세 가지 일을 해결하지 못했네. 그래서 수행할 틈이 없네. 하나는 부모님의 장례를 치루지 못하였고, 하나는 아들 장가를 아직 들이지 못하였으며, 또 하나는 딸을 아직 치우지 못했네. 이런 일들을 치루고 나서 천천히 생각해 보겠네." 하였다.

그 사람이 집으로 돌아와 몇 달이 지난 후에 다시 그의 벗인 조유의 집에 가보니, 조유는 이미 죽은 후였다. 그리하여 그는 긴 한숨을 쉬며 다음과 같이 탄식하였다.

내 벗의 이름은 장조유.
염불을 권했으나 세 가지 일로 미루었네.
염라왕은 본시 무정한 분.
이런 일들을 마치기도 전에 이미 끌려갔네.

염라왕은 유독 그만을 기다려주지는 않았다. 세상에는 누구를 막론하고 자신이 제2의 장조유가 되지 말라는 법은 없다. 그러므로 수행하는 자는 염불할 수 있으면 때나 장소를 가리지 말라. 거듭 선인(先人)의 전철을 밟아 천추의 한을 남기는 일이 있어서는 안 된다.

8. 도솔정토(兜率淨土)에 대한 나의 소견

시방세계 가운데는 더러운 국토도 무수하고 깨끗한 국토도 무수하다. 세존은 법을 설하여 타방정토를 소개하시며 그곳에 왕생하기를 널리 권할 때마다 그 중 아미타불의 극락정토와 미륵의 도솔정토(兜率淨土)를 가장 자세히 보여 주셨다.

도솔정토를 소개하신 의도는 미리 미륵보살을 의지하여 배우고 장래 다시 그를 따라 하생(下生)하여 용화(龍華) 삼회(三會) 중의 성문(聲聞)제자가 되려는 것이다. [석가모니부처님이 입적하시고 56억 7천만 년이 지난 후 미륵보살이 나와 용화수龍華樹 아래서 정각正覺을 이루시고 3회에 걸쳐 법을 설하여 중생을 제도한다고 한다.] 그러므로 세존께서 일찍이 《미륵상생경(彌勒上生經)》과 《미륵하생경(彌勒下生經)》을 설하셨던 것이니, 도솔정토는 부처님께서 권하고 찬탄하신 것이 사실이다. 더욱이 미륵보살은 유식(唯識)의 존사(尊師)로서 일찍이 《유가사지론(瑜伽師地論)》을 설한 적이 있었으므로, 사바에서 유식을 배우는 자는 흔히 도솔에 왕생하기를 발원하며 가까이서 미륵보살을 친견코자 한다.

나는 이런 사실에 대하여 세존께서 자비심이 많아 허다한 방편문을 개설하신 것을 찬탄하는 동시에 왕생하기를 원하는 자가 유식을 배우기 싫어하지 않는 것과 거

듭 예토(穢土)에 태어나려는 정성을 찬탄해 마지않는다.

그러나 첫째, 사자각보살 같은 이도 오욕에 빠져서 돌아갈 줄 몰랐던 일을 생각하면 나는 결코 그에 비해 고명하지 못함을 자각하고 혹시 위험하지 않을까 하는 점과
둘째, 이곳을 최후의 귀의처로 여기고 극락국의 아름다움을 망각하는 일이 없을까 하는 점과
셋째, 미륵보살은 일찍이 임종에 접인하리라는 발원을 세운 적이 없었으므로 나중에 병이 위독하고 정신이 혼미할 때 전혀 자력만을 의지해야 하는 것이 아닐까 하는, 이러한 세 가지 이유로 나는 도솔을 버리고 극락에 왕생하기를 바라는 것이다.

만약에 어떤 사람이 나에게, "극락정토에 태어나는 것과 도솔정토에 태어나는 것 중에 어떤 것이 더 낫습니까?" 하고 묻는다면, 나는, "극락에 태어나려는 것은 만 사람이 닦아 만 사람이 성취할 수 있으므로 비교적 수월한 길이라 하겠다. 그러나 도솔에 태어나는 것은 감히 어떻다고 나는 단정할 수 없다." 하고 대답하겠다.

나의 의견은 이와 같을 뿐이고, 부처님의 경교(經敎)를 어기자는 것은 아니다. 이것은 낫고 저것은 못하고를 말하려는 것은 결코 아니다.

9. 염불은 선(禪)·율(律)·교(敎)·밀(密)의 작용을 포괄하였다

염불에 대해 깊이 이해하지 못하는 자는 염불이 선(禪)과 판연히 다르다고 생각한다. 선은 기뻐하고 싫어하며 취하고 버리는 것이 없으나 염불은 정토를 좋아하여 취하고 예토는 싫어하여 버리며, 선은 경계에 탐착하지 아니하여 잠시라도 탐착하면 본래를 잃어버린다 하였으나 염불은 마음과 경계가 상대하여 주관과 객관이 분명하며, 선은 법집(法執)을 멀리 여의었으나 염불은 법집을 이용해야 하며, 선은 법성(法性)의 몸이어서 생사가 없으나 염불은 여기서 죽어서 저기에 태어나는 생각을 가지고 있다. 이런 일들이 선과 정토가 판연히 다른 점이라고 생각한다.

그러나 정토에 대해 어느 정도 이해가 있으면 그렇게 생각하지 않는다. **염불삼매의 경계**는 허공이 가루가 되도록 부서지고 대지가 평탄하고 가라앉아서, 이전의 한 생각 심성(心性)은 시방의 제불과 법신(法身)이 융합하여 마치 백천 개의 등불이 방 하나를 비침에 그 광명이 두루 하고 가득하여 없어지지도 뒤섞이지도 않는 것과 같다.

이때는 6식의 분별을 떠나 선문(禪門)의 진여삼매(眞如三昧)와 전혀 다르지 않아서 선과 정토를 구별할 수 없는 지경에 이른다. 이런 점에서 보면 '선이 바로 정토라'고 하

여 무슨 허물이 있겠는가?

계율의 작용은 능히 몸과 입과 마음의 삼업(三業)을 막아서 그것들로 하여금 선을 내고 악을 그치게 한다. 그러나 정토법을 닦을 때는 몸은 부처님을 예배하고 입으로는 부처님을 부르고 마음으로는 부처님을 생각하여 삼업이 이미 집중하고 육근(六根)이 자연히 흡수하게 된다. 그러니 선을 내는 것으로 말하면 이야말로 선을 내는 것의 극치이며, 악을 그치는 것을 말하면 삼업을 이미 부처님께 집중한 상태에서 이밖에 다시 무슨 악을 저지를 수 있겠는가? 이런 점에서 보면 정토가 바로 율(律)이라 하여 무슨 잘못이 있겠는가?

일구의 '나무아미타불'은 문자로서 말하면 단지 여섯 자에 불과하지만, 그 작용을 가지고 말하면 삼장(三藏) 십이분교(十二分教)의 교리가 모두 그 속에 갖추어져 있고 석가 49년의 설법이 한 자도 남김없이 모두 그 속에 갖추어져 있다고 말할 수 있다.

이와 같이 어떤 교이든 이 여섯 자 밖에 있는 것이 아니다. 우선 교를 연구하는 목적은 신(信)과 해(解)를 일으켜 행(行)과 증(證)을 여는데 있고, 염불의 작용은 바로 망심(妄心)을 쉬고 정념(淨念)을 성취하는데 있으므로, 실로 신과 해를 초월하여 바로 행과 증의 단계에 도달한 것이 아니겠는가?

그러므로 학자가 만약 염불을 하게 되면 연구하는 수고

를 들일 필요 없이 모든 교의를 모두 구족하게 되는 것이다. 이런 점에서 보면 정토가 바로 교(敎)라고 하여 무슨 잘못이 있겠는가?

삼밀가지(三密加持)를 중시하고 즉신성불(卽身成佛)을 강조하며 6종의 무외(無畏)를 획득하는 것이 밀종(密宗)의 특색이다. 그러나 염불법문의 삼업 집중은 실로 몸과 입과 마음을 가진 채로 삼밀가지 하고 있으니 어떤 분별도 없으며, 염불의 작용은 나의 마음과 부처님의 마음이 융합하여 하나가 되게 하므로 삼매가 현전할 때 성광(性光)이 교차하여 한 덩이가 될 뿐 실로 아무 분별이 없으니, 어떤 것이 부처며 어떤 것이 '나'이겠는가?

그러므로 아미타불을 부를 때는 부르는 자신이 바로 아미타불이니, 이것을 즉신성불(卽身成佛)이라 하여 무슨 잘못이 있겠는가? 설사 삼매를 얻지 못했다 하더라도, 염불할 때 감응이 교류하여 불광(佛光)이 섭수하므로 행자의 눈앞에 바로 부처님의 신통의 가피를 입으니, 무슨 두려움이 있겠는가? 이런 점에서 보면 정토가 바로 밀교(密敎)라 하여 무슨 잘못이 있겠는가?

이상의 여러 가지 뜻을 종합해 보면 곧 확연히 알 수 있겠거니와, 더욱이 고금의 여러 명사·대덕이나 고인·달사로서 불법을 닦던 이들이 무엇 때문에 누구나 정토 닦기를 제창했겠는가? 범고농(范古農) 거사는, "학문이라면 유식을 배우고 싶고, 수행은 정토를 닦고 싶다." 하

고 말한 적이 있는데, 깊이 경장(經藏)에 들어갈수록 더욱 정토를 찬탄했던 것을 알 수 있겠다.

다만 문외한은 정토를 비하하고 있으나, 화씨(和氏)의 구슬을 알지 못하고 일개 돌멩이 취급을 하는 격이니, 괴이쩍게 여길 일도 아니다.

10. 정법(淨法)의 깊은 뜻은 부처님만이 다 아신다

《정토삼부경》은 그다지 깊은 이론을 설하고 있지 않은 것이 사실이다. 그리하여 어떤 자는, "염불은 학문의 이론이 없으므로 어리석은 아낙네들을 속이기에 적당하다. 고명한 자가 닦을만한 법문은 못 된다"고 말한다. 또한 어떤 자는, "내가 만약 염불을 한다면 이는 바로 어리석은 아낙네가 되어 다른 사람에게 웃음거리가 될 것이다"라고 한다. 이런 생각들은 절대 잘못된 것이다.

정토의 경서가 이론을 설하지 않은 것은 오직 실행만을 권하기 위한 것이지, 결코 학문의 이론이 없는 것은 아니다. 아니 이론이 없는 것이 아니라 너무 깊어서 다 설하지 못하는 것일 뿐이다. 만약 이것을 설하면 저것을 잃게 되고 한 가지를 설하면 만 가지를 잃게 되므로, 아예 설하지 않는 것만 못하기 때문이다. 이것이 이론을 설하지 않고 단지 실수(實修)하기만을 권한 이유다. 만약 실수만 한다면 일체 이론은 저절로 그 안에 포함되어, 마치 바다 속에 목욕하는 자는 백천의 강물을 이미 수용한 것과 같다 할 것이다.

만약 염불의 깊은 뜻이나 경계에 대하여 말하려면 오직 부처님께서나 비로소 그 극점을 아실 것이고, 문수나 보현·대세지 같은 대보살들도 그 궁극을 짐작하지 못한다.

지명(指名)염불만을 가지고 생각해보면, 만약 실제로 불가사의한 공덕이 없다면 어찌하여 《아미타경》에서 세존께서, "이 경은 육방(六方)의 제불이 찬탄하고 보호한다"고 하셨겠는가? 석가와 아미타께서 이미 법문을 건립하셨고, 육방의 제불이 이미 이 법문을 찬탄하고 보호하셨으니, 그렇다면 이 법문의 독특하고 미묘한 특색과 광대한 공덕과 효과를 상상할 수 있을 것이다.

또한 경에서, "조그마한 선근이나 복덕인연으로는 저 나라에 태어나지 못한다" 하였으며, 이어서 "7일 동안만 부처님 명호를 부르면 곧 왕생할 수 있다"고 하였으니, 부처님 명호를 부르는 선근과 복덕인연을 알 수 있을 것이요, 확실히 조그만 것이 아님을 알 것이다.

11. 자성미타(自性彌陀)나 유심정토(唯心淨土)의 이론을 오해하지 말라

이(理)를 중시하고 사(事)를 경시하는 수행인은 가끔 자성미타나 유심정토의 이론에 빠져, "정토는 곧 마음속에 있다. 어디에 다시 서방정토가 있겠는가?" 하면서, 미타의 48대원이나 극락세계에 대해 깡그리 부인하려 한다. 이러한 착오는 진제(眞諦)의 현상이나 속제(俗諦)의 현상을 전부 한 덩이로 보려는 견해로서, 진(眞)과 속(俗)이 모두 공적(空寂)하고 체(體)와 용(用)이 모두 공무(空無)하다는 투의 논조다.

누구나 《반야심경》을 읽었을 줄로 안다. 심경에서 "지(智)도 없고, 또한 득(得)도 없다. 얻을 것이 없기 때문이다…"고 하고, 이어서 "아뇩다라삼먁삼보리를 얻는다"고 하였다. 이것은 진제(眞諦)에 의거하면 얻을 것이 없으나, 속제(俗諦)에 의거하면 얻을 것이 있음을 말한 것이다. 만약 이를 전혀 한 덩어리로 본다면 이는 모순이다.

다른 경전에서도 역시 항상 이런 투의 문장을 발견할 수 있다. 이것은 바로 진(眞)과 속(俗) 이제(二諦)가 같지 않다는 것을 설파한 것이다. 학자들은 오해하여 경의 뜻을 잘못 알지 말기를 바란다.

육조대사가 서방(西方)을 부정한 것도 역시 상주진심(常

住眞心)의 입장에서 말한 것으로, 후인들은 조사의 말씀에 집착하여 극락을 말살하지 말기를 바란다. 만약 진제의 입장에서 말한다면 한 법도 존재하지 않아서 부처님도 오히려 행방이 없을 것인데, 어찌 극락정토니 염불왕생이니 하는 일이 있을 수 있겠는가? 그러므로 "자성미타여서 성(性) 밖에 미타가 없다"고 하는 것이나 "유심정토여서 마음 밖에 정토가 없다"고 하는 것은 제일의공(第一義空)의 경계로서, 용(用)을 거두어 체(體)로 돌아가면 한 법도 존재하지 않는 것이다.

그러나 만약 깨달음의 공부가 아직 이러한 경지에 미치지 못한 수행인은, 마음과 경계가 모두 공(空)하고 상(想)과 수(受)가 모두 다 고요하지 못하여 주관과 객관이 분명하고 의보(依報)와 정보(正報)가 여전히 존재하여 극락의 하나의 향기나 하나의 색깔, 하나의 꽃이나 하나의 잎까지도 우리가 추구해야 할 대상이어서 버리지 못하는 것이다.

이러한 상태에서 어찌 자신의 덕이나 역량을 헤아리지 않고, 함부로 다른 사람이 자성미타(自性彌陀)니 유심정토(唯心淨土)니 하는 고상한 노래를 부른다 하여 아직 강을 건너기도 전에 뗏목을 버리는 짓을 하겠는가?

《정토삼부경》을 보면, 불신(佛身)의 상호에 대해 설한 곳에서는 부처님의 미간 백호나 머리털의 광색이 미묘하지 않음이 없고, 장엄세계를 설한 곳에서는 꽃이나 과실

이나 연못이나 그물이 기묘하지 않음이 없다. 이로써 한 사람이나 하나의 물건이 모두 실재(實在)하여 결코 허구가 아님을 알 수 있으니, 어찌 무턱대고 부정하여 공견(空見)에 떨어지는 짓을 하랴!

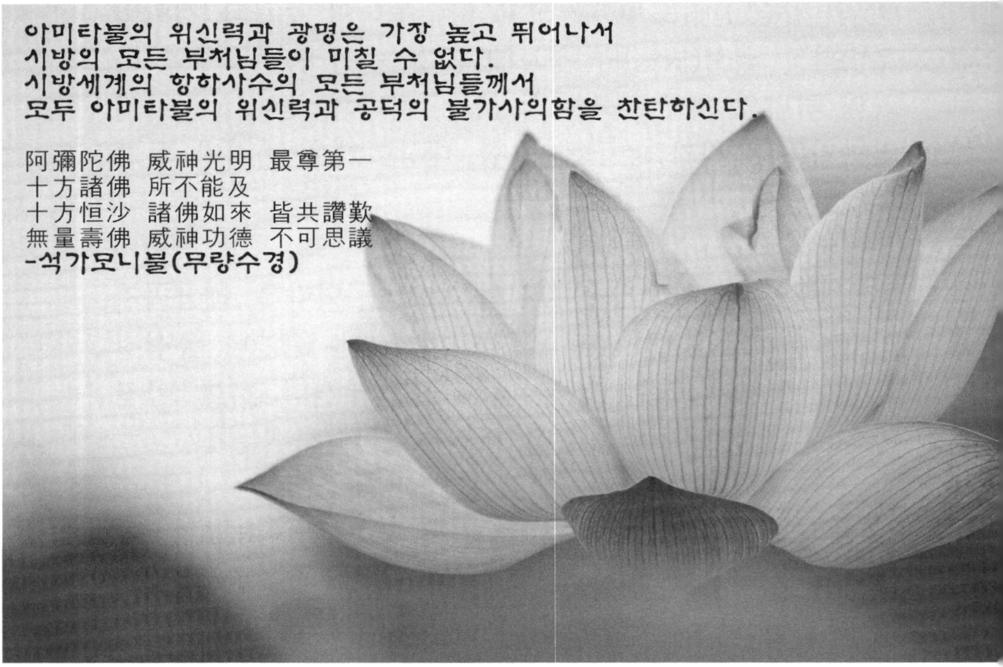

아미타불의 위신력과 광명은 가장 높고 뛰어나서
시방의 모든 부처님들이 미칠 수 없다.
시방세계의 항하사수의 모든 부처님들께서
모두 아미타불의 위신력과 공덕의 불가사의함을 찬탄하신다.

阿彌陀佛 威神光明 最尊第一
十方諸佛 所不能及
十方恒沙 諸佛如來 皆共讚歎
無量壽佛 威神功德 不可思議
-석가모니불(무량수경)

12. 이(理)와 사(事)를 아울러 중시하라, 그렇지 못할 경우에는 차라리 사(事)를 중히 하라

수행하는 과정에서 이(理)와 사(事)는 서로 표리의 관계요 서로 배합하는 관계이며, 서로 돕고 이루어주는 관계에 놓여있다. '이'가 있으므로 해서 '사'를 짓는 것이 비로소 근거가 있게 되고 강령이 있고 목표가 있고 작용을 일으킬 수 있는 것이요, '사'가 있으므로 해서 비로소 이론을 실현할 수 있고 사실을 근거하고 이해하는 정확성을 알 수 있고 그 효과를 알 수 있는 것이다.

'이'가 있고 '사'가 있는 것은 마치 노정(路程: 목적지에 이르기까지 거쳐 지나가는 길이나 과정)을 알고서 여행하는 것과 같고, '이'만 있고 '사'가 없으면 이미 노정은 알았으나 기꺼이 길을 떠나지 않는 것과 같으며, '사'가 있고 '이'가 없는 것은 길을 갈 줄은 알면서 노정은 알지 못하는 것과 같다 할 것이다. 이를 미루어 이미 노정을 알고서 여행을 떠나는 자는, 이(理)와 사(事)를 갖춘 자만이 비로소 성공할 수 있고, 그밖에 두 가지는 모두 성공할 가능성이 희박함을 알 수 있다.

그러나 비록 길을 떠나려는 사람이 자신의 지혜가 천박하여 노정을 정확히 알고 있지는 못하더라도, 선배들이 이미 찾아내어 뒷사람들에게 보여주신 이정표를 참고하여 길을 떠난다면 역시 능히 목적지에 도착할 수 있다.

경론이나 고덕의 저술이나 그 밖의 사적이 바로 길을 가리키는 이정표인 것이다. 후인들은 이를 참조하여 실행하기만 하면 저절로 공을 이루어 고인과 전혀 차이가 없는 지점에 도달하게 되는 것이다.

그러므로 '사'만 있고 '이'가 없는 것은 조금도 걱정할 것이 없고, 진정 걱정해야 할 일이라면 바로 제자리에 앉은 채 입으로만 지껄이면서 한걸음도 내디디지 않는 이(理)만 있고 사(事)가 없는 자들인 것이다. 그러나 엄격히 말하자면 '사'가 없는 자는 또한 '이'도 없는 자라고 해야 마땅하다. 왜냐하면, 이미 담장이 무너질 것을 알았다면 반드시 도망하여 피할 줄도 알게 마련이다. 그대로 앉은 채 움직이지 않는다면 이것은 안 것이 아니다.

그러므로 불법은 일자무식의 어리석은 늙은이는 제도할 수 있으나 세지총변(世智聰辯)한 자나 수행하기 좋아하지 않는 자는 제도할 방법이 없다. 그러므로 부처님 당시의 주리반타카는 매우 우둔하였으나 마침내 미혹이 다하여 아라한과를 깨달았으며, 제바달다는 총혜명민(聰慧明敏)하였으나 끝내 산 채로 지옥에 떨어짐을 면치 못했던 것이다.

이런 점에서 보면 비록 뱃속 가득 이해를 채워 두었으나 만약 실제 수행이 없다면 무시(無始)의 혹업(惑業)이 그대로 꽁꽁 봉합되어 털끝만큼도 없어지지 않을 것이

니, 이런 것이 사실 무슨 소용이 있단 말인가! 차라리 부뚜막 앞의 늙은 할미가 온 얼굴에 숯검정을 묻이고 낫 놓고 기역자도 모른 채 때때로 부처님을 생각하는 것이 더 낫지 않겠는가?

수행인이 만약 종신토록 그저 명상이론의 흙무더기 속에서 지해(知解)만을 구하여 설사 불학(佛學)박사가 된다 하더라도 진실로 수행에 힘쓰지 않는다면, 이런 자들을 꾸짖어 "밥을 말로만 해서는 배가 부르지 않고, 남의 보배를 헤아리는 것만으로는 마침내 가난을 면치 못한다"고 한 것이다.

다시 말하면, 누구든지 이미 이론에 밝고서 다시 능히 불사를 실행할 수 있다면 이런 사람은 복과 지혜가 구족하고 이론과 실행이 상응하며 '인'과 '과'가 원숙하여 반드시 머지않아 일을 마칠 수 있을 것이다. 만약 그렇지 못할 경우에는 차라리 사실이 있고 이론이 없을망정 이론만 있고 사실이 없는 것은 옳지 않다. 불법을 배우는 자는 특히 이 점에 유의하기 바란다.

13. 정토법은 재가인의 유일한 법문이다

출가한 스님들은 처자식의 번거로움이 없고 의식을 찾아야 하는 걱정이 없고 세속의 시끄러움이 없다. 그러므로 불법을 닦기에 가장 적합하다 할 것이다. 재가인은 그렇지 못하다. 삶을 영위하기 위해 종일토록 소나 말처럼 노력하여도 시름을 놓을 겨를이 없는데, 더욱이 협소하고 지저분한 방안에 한 개의 불탁(佛卓)인들 들일 곳이 있겠는가?

장사하는 자는 물건을 사고팔기 위하여 잠시도 가게를 비울 틈이 없고 손님을 맞이하고 회계를 마감하는 등 온종일 바쁘다. 공무원은 하루 8시간씩 꼬박 의자에 앉아 공문을 처리하다가 저녁이 되어서야 집에 돌아오면 온몸은 파김치가 된다. 더욱이 처리해야 할 개인용무도 남아 있다. 언제 한가하게 마음을 쉬고 도를 닦을 겨를이 있겠는가? 노동하는 자도 그다지 별 차이가 없다. 좌선을 익히고 계율을 지키고 밀교를 공부하고 경전을 연구하려 해도 도무지 그럴 틈이 없다. 이런 점에서 보면 재가의 선남선녀가 화택(火宅) 중에서 출세간의 법을 닦으려는 것은 진정 하늘을 오르려는 것만큼이나 어려운 일이다.

다행히 여래께서 무변한 지혜가 있으시어 일찍이 재가자를 위하여, 이렇게 시간도 들이지 않고 세속의 일에

장애도 되지 않는 매우 간편하고 효력도 극대할 뿐만 아니라 닦는 이는 누구라도 성취할 수 있는 정토법을 보여주셔서, 재가나 출가자를 막론하고 일제히 삼계(三界)를 벗어나 한사람도 누락치 않게 하셨던 것이다.

만약 재가자가 이 법을 닦지 않고 선(禪)을 배우거나 율(律)을 배우거나 교(教)를 배우거나 밀(密)을 배우려고 하면, 이를 성취할 희망이 심히 미미할 뿐만 아니라 심지어 닦고 익힐 방법도 없는 것이다. 그러므로 재가자가 염불 외의 방법으로 깨달음을 얻고자 하면 거의 행할 만한 길이 없음을 알 수 있을 것이다. 왜냐하면, 정토법을 설하신 것은 재가의 선신인(善信人)을 위한 유일한 선물이기 때문이다. 바라건대 이를 버리고 닦지 않음으로 해서 스스로 궁지에 빠지는 일이 없도록 하라.

14. 극락의 뜻

어떤 이가 "《곡례(曲禮)》에서, '뜻은 만족시킬 수 없고, 즐거움은 끝이 없다'고 하였고, 속담에도 역시 '즐거움이 다하면 슬픔이 생긴다'고 하였습니다. 그렇다면 아미타불의 불국을 극락세계라고 한 것은 이와 서로 상반되지 않습니까?" 하고 물었다.

소위 "즐거움은 끝이 없고, 화락(和樂)이 다하면 슬픔이 생긴다"라고 한 것은 세상의 완전하지 않은 즐거움을 지적하여 말한 것으로, 그것은 완전하지 않은 즐거움이기 때문에 그 즐거움 속에 고통의 소인(素因)이 내재하고 있어서 이것이 다하면 슬픔이 생기는 것이다.

예컨대 기생을 데리고 노는 것으로 즐거움을 삼는다면, 그 즐거움의 끝에는 재산을 탕진하게 되고 몸을 망치고 악질(惡疾)을 얻게 되고 수명도 재촉하게 된다. 이것이 슬픔이 생기는 것이 아니고 무엇인가? 또한 술 마시는 것으로 즐거움을 삼는다면, 그 즐거움의 끝에는 공무(公務)를 그르치고 일을 망치고 질병을 유발하고 실수를 저지르게 되니, 이것이 슬픔이 생기는 것이다. 세상만사는 대개 이와 같다. 그러므로 성인께서 즐거움이 있더라도 끝까지 하지 않도록 교훈하신 것이다.

극락국은 어떠한가?

이곳에서 수용하는 것은 출세간의 무루법락(無漏法樂)이어서 전혀 욕계(欲界)의 오욕락과는 같지 않다. 그러므로 비록 다함이 있다 하더라도 슬픔이 생길 수 없고, 수용이 제한이 있거나 경계하거나 두려워할 필요가 없는 것이다.

세존이 《아미타경》을 설하실 때 사리불에게 말씀하시기를, "그 나라 중생은 여러 가지 고통이 없고 여러 가지 즐거움을 누릴 뿐이므로 극락(極樂)이라 한다"고 하셨다. 이렇게 극락이라는 의미를 설명하신 것은 즐거움뿐이고 고통이 없음을 강조하려 하신 것이다. 이와 같다면 슬픔은 어디로부터 생길 것인가? 만약 슬픔이 생긴다면 여러 가지 고통이 없다고 말씀하시지는 않았을 것이다.

15. 왜 반드시 극락국토에 왕생해야 하는가

행자가 극락국토에 태어나게 되면 영원히 안전한 수행장소를 얻게 되는 것일 뿐 당장 성불할 수 있는 것은 아니다.

양인산 선생은, "서방정토는 거대한 학교이니 아미타부처님께서 시방중생을 접인하여 그곳에 가서 배우게 하시고 음식이나 의식을 공급하신다. 학비를 낼 필요도 없고 햇수도 한정이 없다. 그곳은 가없이 넓고 크며 아득한 옛날에 건립된 곳이다. 그 학교에 들어간 자는 어떤 근기를 막론하고 **무생법인(無生法忍)을 증득할 때 제1차 졸업**을 하게 된다. 어떤 자는 그곳에서 수업을 받게 되고, 어떤 경우에는 다른 곳으로 가서 교화를 받게 되지만 그의 원은 달라지지 않는다.

이로부터 십주(十住), 십행(十行), 십회향(十回向)의 삼현(三賢)의 지위를 원만히 한 후에 **초지(初地)에 들어갔을 때 제2차 졸업**을 하게 된다. 다시 초지(初地)로부터 등각(等覺)에 이르러 **묘각(妙覺)의 과해(果海)에 들어갔을 때 제3차 졸업**을 하게 된다.

이것은 차제문(次第門)을 가지고 말한 것이지만, 만약 원돈문(圓頓門)으로 논하면 한번 닦음에 모든 것을 닦게 되고 하나를 증득함에 모든 것을 증득한다. 그러나 결국

원돈과 차제가 다를 바 없다. 사실대로 말하면, 시방삼세의 갖가지 교법이 한 가지도 구비하지 않은 것이 없다. 그러므로 모든 부처님께서 찬탄하지 않은 이가 없었던 것인데, 어찌하여 세상 사람들은 생사에 유랑하며 출몰을 반복하면서 이곳에서 벗어날 길을 찾지 않는가?"라고 하였다.

이를 보면 행자가 저 나라에 태어난 후에도 여전히 수행해야만 성불할 수 있게 됨을 알 수 있다. 다시 말하면, 그곳은 환경이 우수하고 수행에 아무런 장애요소가 배제되어 수행하기에 매우 편리한 곳임에 불과한 것이다.

예컨대 악도에 윤회하는 두려움도 없고, 수명도 무량하며, 미타나 관음·세지가 스승이시고, 물소리·바람소리·새소리가 모두 법음을 연설하며, 먹고 입는 것을 걱정할 필요도 없이 의식주가 풍부하고, 함께 거주하는 이웃들이 모두 상선인(上善人)인 것 등 수행하기에 필요한 최적의 조건들이 구비하지 않은 것이 없다. 그러므로 뜻을 가진 수행인은 반드시 저 나라에 왕생해야만 하는 것이다.

16. 정토는 다른 이를 제도하려는 대승법이다

어떤 이가, “나는 극락에 왕생하는 것을 원치 않는다. 영원히 이 사바에 머물면서 중생을 제도하기 바랄 뿐이다”라고 하였다. 이러한 생각은 확실히 보살의 대원이다. 다만 보살이 닦아야 하는 10바라밀을 가지고 말한다면 원(願)바라밀에다 방편(方便)바라밀과 지(智)바라밀을 더해야만 비로소 원만히 원을 집행하는 임무를 다할 수 있게 되는 것이다.

예컨대 물에 빠진 자를 구하고자 하는 자가 자신이 미리 수영법을 배워두지 않은 상태에서 남을 구하려고 한다면, 끝내 두 사람이 함께 물귀신이 되고 마는 참극을 면치 못하는 것과 같다. 이것은 인심(仁心)은 있었으되 인술(仁術)은 없었던 것이다.

위에서 말한 대원을 가진 자에게 묻고 싶다. 이미 혹업(惑業)을 끊고 모든 신통지혜를 갖추었는가? 만약 그렇지 못했다면 자신이 수행법을 익혀두지 않은 상태에서 남을 구하려고 한 것이나 진배 없다. 차라리 하루빨리 극락에 왕생할 길을 찾아 무명혹업을 다하고 보살의 신통과 지혜를 배운 후에 다시 와서 중생을 제도하여도 늦지 않을 것이다.

또한 어떤 이는, “정토는 소승법이기 때문에 나는 배우

기를 원치 않는다”라고 말한다. 나는 아래에서 다음과 같은 일곱 가지 이유를 들어 정토는 결정코 대승법(大乘法)임을 증명하려 한다. 이 일곱 가지 이유는 모두 경전에서 고찰할 수 있는 것들이다. 만약 이러한 고찰들마저 인정하지 않고 한사코 대법(大法)을 비난하려 든다면, 이것은 마치 두 눈을 질끈 감고 “공자는 일자무식이다” 하고 우기는 것과 같으니, 이는 일고의 가치도 없는 중상모략에 불과하다.

첫째, 불교가 중국에 들어온 후 그 교의가 열 가지로 발전하게 되었는데, 그 가운데 구사(俱舍)·성실(成實), 두 가지는 소승에 소속시켰고, 율(律)·삼론(三論)·법상(法相)·화엄(華嚴)·천태(天台)·진언(眞言)·선(禪)·정토(淨土) 등은 대승에 소속시켰다. 이것은 천백년 이래 학자들이 공인하는 바다.

둘째, 부처님이 멸도하신 후 인도에서 가장 성행했던 불법은 소승이었다. 그 후 6백 년경에 마명보살이 백 부의 대승경전을 종합하여 《대승기신론(大乘起信論)》을 저술하여 대승의 깊은 뜻을 제창하였다. 그렇다면 거기서 논술한 것은 모두 대승법임이 자명하다. 그런데 특히 편말(篇末)에서 정중히 염불법문을 소개하면서 서방극락에 왕생할 것을 권하였다. 마명이 이미 논을 저술하여 대승을 홍양(弘揚)했다면 그 가운데 소개된 것은 필시 소승법이 아니다.

셋째, 종래 극락정토에 대해 일찍이 그 나라에 왕생할 것을 발원한 자는 큰마음과 깊은 지혜를 가진 대승행자들이었다. 경전 중에 보이는 자들로는 대세지 · 보현 · 용수 · 세친 등의 모든 보살들이었고, 담란 · 혜원 · 자의 · 도작 · 선도 · 청량 · 영명 · 연지 · 우익 · 절류 · 성암 등의 여러 큰스님들이 한 분도 정토의 종장(宗匠)이 아닌 분이 없었고, 한 분도 대승행자가 아닌 분이 없었다.

넷째, 《무량수경》의 첫머리에서 특별히 부처님이 이루 헤아릴 수 없는 여러 보살들과 함께 하신 것을 강조하였다. 그 가운데 보살의 공행(功行)에 대해 서술한 문장이 천여 자에 달한다. 이는 다른 경전에서는 보기 드문 현상이다. 경전의 끝에 가서 부처님께서 또한 일생보처(一生補處)인 미륵보살에게 직접 부촉하시며 그에게 진심으로 믿어 가지고 받들어 읽고 남에게 설하고 자신이 실천하기를 가르치셨다. 이러한 말씀은 모두 그 가운데 깊은 뜻이 함유되어 있어서 오직 지극한 대승인만이 능히 이 지극한 정토법을 깨닫고 감당하고 홍양(弘揚)할 수 있다는 뜻이다.

다섯째, 소승행자를 두 가지로 분류하는데, 하나는 우법소승(愚法小乘)인데, 이런 자는 소승해탈로 만족하고 대승을 알지 못하며 또한 대승에 진취할 생각도 하지 않는 자다. 또 하나는 불우법소승(不愚法小乘)이니, 이런 자는 소승을 대승의 한 과정으로 여길 뿐 결코 영원히 소승에 안주하지는 않는다. 마치 지금의 초등학생은 장

래 대학생으로서 그가 배우는 교재는 대학생에 이를 수 있는 사다리 역할과 같다. 그러므로 이런 자는 결코 진정한 소승이라 말할 수 없다.

《미타경》에서 말씀하시기를, "극락국토에 중생으로 태어난 자는 모두 아비발치요, 그 가운데는 많은 일생보처(一生補處)가 있어서 그 수를 헤아릴 수 없다. 다만 무량무변 아승지라고 말할 수밖에 없다"고 하셨다. '아비발치'란 불퇴전(不退轉)이라고 번역한다. 그 나라 중생은 공부가 이미 불퇴의 자리에 있어서 부단히 앞을 향하여 전진하며, 그 중에는 장차 부처님의 지위를 보충할 대보살들이 위에서 말한 대로 무량무변하다고 하신 것이다. 이런 점에서 보면 극락국토에는 보살 외에 비록 소승들이 있긴 하지만, 이들은 결코 우법(愚法)은 아니어서 대승의 전단계인 것이다.

여섯째, 대승과 소승은 마음의 차이일 뿐, 법과는 무관하다. 행자가 불법을 닦을 때 자기 자신만을 이롭게 하는 마음을 가지고 있으면 어떤 법을 닦든 모두 소승(小乘)이요, 반대로 자기 자신과 다른 이를 동시에 이롭게 하는 마음을 가지고 있으면 어떤 법을 닦든 모두 대승(大乘)이다. 이 사바에서 정토를 배우는 자는 흔히 대승심을 발한다. 그러므로 정토는 대승법이다.

예를 들면 회향게(回向偈) 가운데, "원하옵나니, 이 공덕으로 부처님의 정토를 장엄하여 위로는 네 가지 큰 은

혜를 갚고 아래로 삼악도의 고통을 면해지이다. 말하거나 보고 듣는 자 누구나 성불하는 마음을 내어 이 보신(報身)이 다하면 함께 극락국에 왕생하여지이다." 하며 분명히 극락국에 왕생하기를 원하면서 동시에 위로는 네 가지 큰 은혜를 갚고 운운(云云)했으니, 이 한 구절이 소승이겠는가?

또한 옛사람 원문(願文) 가운데도, "…듣고 나서는 곧 무생법인을 깨달아 안양(安養)을 여의지 않고 사바세계에 돌아와 중생의 근기에 따라 방편을 잘 알아 중생을 제도하며, 교묘히 불사(佛事)를 지어지이다…" 하며, 거듭 이 사바세계에 돌아와 방편으로 중생을 제도하겠다고 하였으니, 이러한 원을 소승인이 어찌 발할 수 있겠는가?

또한 대자(大慈)보살 발원게(發源偈)에도, "보거나 듣는 자는 모두 정진하여 함께 극락국에 태어나며, 부처님을 친견하여 생사를 마치고서 부처님과 같이 무명번뇌를 끊고, 무생법문을 배워서 서원하기를 중생을 제도하여 모두 불도를 이루어지이다" 하며, 극락에 왕생하기를 구하여 보살의 사홍서원(四弘誓願)을 발하였으니, 이것이 어찌 소승법이겠는가?

또 준식법사의 발원게(發源偈) 끝부분에, "잠깐 사이에 극락국에 태어나 꽃이 피면 부처님을 뵙고 불승(佛乘)을 듣고 부처님 지혜가 열려서 널리 중생을 제도하여 보리원을 만족해지이다"라고 하며 중생을 널리 제도하여 보리원을 만족하겠다고 하였으니, 이것이 어찌 소승인이 발할 수 있는 원이겠는가?

또한 연지대사 발원문에도, "…모든 공덕을 모두 성취해지이다. 그런 후에 안양을 여의지 않고 사바에 돌아와 무수한 몸을 나누어 온 시방찰해(十方刹海)에 불가사의한 자재신력(自在神力)과 갖가지 방편으로 중생을 제도하여 모두 번뇌를 끊고 정심(淨心)을 얻어 함께 서방세계에 태어나 불퇴위에 들어가며…"라고 하며, 이렇게 거듭거듭 이 세상으로 다시 돌아와 시방에 몸을 나누어 중생과 함께 극락에 태어나고자 하였으니, 만약 이를 소승이라 한다면 대승법은 어떤 것인지 나는 알지 못하겠다.

일곱 번째, 《관경(觀經)》에서 부처님이 위제희에게 고하시기를, "상품상생인이 저 나라에 태어나고자 하는 자는 반드시 세 가지 복을 닦아야 한다. 그 가운데 세 번째 복은 보리심을 발하여 깊이 인과를 믿고 대승경전을 독송하며 남에게 이를 닦기를 권하는 것이다."라고 하였다. 이미 성불할 마음을 내어서 대승 경전을 읽고 다른 이에게 이를 닦기를 권하였다면 보살행을 구비한 것이니, 이를 어찌 소승이라고 말하겠는가?

현재 상품상생은 말할 것도 없고 그 아래의 각 품도 역시 대승경전을 독송하고 무상(無上)의 도심을 발하는 자가 무수하며, 심지어 가장 아래 단계인 하품중생이나 하품하생들도 모두 생전에 많은 죄악을 저질러서 지옥에

떨어질 수밖에 없는 역악(逆惡)죄인들이었으나, 경에서는, “하품중생인이 저 나라에 태어난 후에는 관음 · 세지보살님이 그들을 위해 깊고 깊은 대승경전을 설하여 이를 듣고는 무상도를 발하며, 하품하생인이 저 나라에 태어난 후에는 관음 · 세지보살님이 그들을 위하여 제법실상을 설하여 이를 듣고는 보리심을 발한다.”라고 하였다.

이상에서 말한 대승경전이니 무상도심이니 보리심을 발한다느니 하는 것은 모두 대승의 극치로써, 절대 소승의 근기로써는 능히 알 수 있는 일이 아니다. 구품(九品)의 아래 단계인 하중(下中)이나 하하품(下下品)이 이와 같다면, 그 위의 각 품은 굳이 더 설명할 필요가 없지 않는가?

이런 점에서 보면 오역(五逆)이나 십악(十惡)을 저지른 사람일지라도 저 나라에 태어난 후에는 모두가 지극한 대승행자로 돌변할 줄 아니, 이를 두고 누가 정토가 소승이라고 하겠는가!

17. 염불법문은 이행법(易行法)이다

정토법문 중에서도 지명염불이 더욱 수행하기 쉬운 법문이라고 할 수 있다. 그런데 이 수행하기 쉽다는 것에 여러 가지 뜻이 있는데, 사람들이 그다지 잘 알고 있지 못한 듯하다.

첫째, 여타의 법문을 닦는 경우에, 만약 교(敎)를 통하여 들어가면 경전이 넓고 크고 포함하고 있는 이치가 깊어서 반드시 하나의 이치를 이해하는 것으로부터 내지 많은 뜻을 이해하여 이를 융통해야 하고 그런 후에 그 정수를 뽑아서 수행의 길을 열어 종신토록 이 길을 걸어가야 하니, 이것은 수십 년 동안 공을 들이지 않으면 이룰 수가 없다.

율(律)을 통하여 들어갈 경우에는 응당 출가하여 스님이 되어야 하고 계상(戒相)이 복잡하여 반드시 고통을 인내하고 의지가 강하고 정신력이 굳세어야만 목적을 달성할 수 있다.

선(禪)을 통하여 들어갈 경우에는 견성(見性)이나 지관(止觀)을 막론하고 숙세에 지혜를 닦은 적이 없으면 선관(禪觀)을 닦을 근기가 아니니, 하열한 근기로는 수승한 법을 발하려 하여도 결국 조사의 등불을 전해 받지 못한다. 그러나 이 지명법은 평상시 부처님 명호를 부르는

것 외에 일체 다른 일이 필요치 않다. 이것이 수행하기 쉽다는 뜻이다.

둘째, 여타의 수행법은 전적으로 자신의 힘에만 의지해야 하지만, 염불은 부처님의 힘까지 갖추었다. 부처님의 힘의 위대함은 구박범부(具縛凡夫)가 가지고 있는 한갓 자신의 힘에 비할 바가 아니다. 그러므로 염불할 때 실제로 부처님의 원력에 부합하여 왕생할 수 있을 뿐만 아니라 악인도 임종시에 부처님 명호를 열 번 부르는 것만으로도 왕생했던 것은 좋은 본보기라 할 것이다. 옛사람들이, 걸어가는 것을 여타의 법문에 비유하고, 수레에 타고 가는 것을 염불에 비유했던 것은 결코 과장이 아니다. 이처럼 수행하기가 쉽다는 뜻이다.

셋째, 극락에 왕생한 후에는 우수한 환경과 부처님의 가피로 어떤 법을 닦든 어떤 과덕(果德)을 증득하든 모두 매우 쉽게 증득할 수 있다. 마치 연약한 수목에 버팀목을 설치해 주고 어린아이 옆에 엄마가 돌보고 있는 것과 같다 할 것이다. 그러므로 저 국토에서 수행을 거쳐 성불하기까지는 마치 천 길이나 되는 절벽 아래로 바위를 굴리듯이 그 과정이 일사천리로 진행된다. 이것이 이행(易行)의 뜻이다.

위의 세 가지 뜻을 종합해 보면, 소위 이행(易行)이란 것은 첫째, 손쉽게 **실행**할 수 있어야 하고, 둘째, 쉽게 **왕생**할 수 있어야 하고, 셋째, 쉽게 **성불**할 수 있어야 한다. 이

세 가지 뜻을 골고루 갖추었으므로 염불법문을 수행하기 쉬운 법문이라고 하기에 조금도 손색이 없다는 것이다.

이러한 책무를 맡았으므로 이 수행하기 쉽다는 말은 지나온 경로가 실로 금성옥진(金聲玉振)과 같아서 처음부터 끝까지, 범부로부터 성불할 때까지 이 중간에 단계가 있기도 하지만 또한 없기도 하다. 그러므로 왕생한 즉시 생사를 벗어날 수 있고, 염불한 즉시 성불할 수 있으니, 이는 마치 누에고치와 번데기와 나방을 구분할 수 없는 것과 같다. 누에고치가 바로 나방이라 하여 결코 틀린 말이 아니기 때문이다.

부록 : 1. 정종심요淨宗心要
2. 정수첩요淨修捷要

수미산(須彌山, Mount Kailash, 6,714m)

부록1

정종심요淨宗心要

황념조黃念祖 거사 주강主講[1]

1. 세존께서는 오직 아미타부처님 본원의 바다를 설하셨다

전 세계에 정토종 신자는 매우 많지만, 정토종의 수승한 점을 진정으로 이해할 수 있는 사람은 매우 희유합니다. 중국과 일본에서는 공히 세상 사람들이 존경하는 선도대사께서 남기신 **'석가모니부처님께서 세상에 오신 까닭은 오직 아미타부처님 본원의 바다를 말씀하시기 위함이니라(釋迦所以興出世 唯說彌陀本願海)'**라는 두 마디 말씀을 소중히 여기고 있습니다. 이는 세존께서 왜 세상에 오셨는가, 인간 세상으로 내려가

1) 황념조 거사의 어록집인 『심성록心聲錄』에 실린 글로 1989년 북경 광제사廣濟寺 염불칠念佛七 도량에서 강연한 녹음을 기초로 하여 1991년 북경연사北京蓮舍에서 정리한 것이다. 망서 허만항 거사 번역.

설법하시고 중생을 제도하였으며 갖가지 교화를 펼치셨는가? 그 유일한 원인은 아미타여래의 본원을 설하시는 것이었다는 말입니다. 이 두 마디는 어떤 특수한 명사 술어도 없어서 부처님께서 세상에 오신 까닭이 오직 아미타부처님 본원의 바다를 말씀하고자 함이었음을 모두 알아들을 수 있습니다.

그러나 확실히 이를 참으로 이해할 수 있는 사람은 대단히 희유합니다. 여러분 생각해 보십시오. 부처님께서 그렇게 많은 법을 설하셨는데, 왜 아미타부처님 본원의 바다를 말씀하셨다고 말하는가? 여기가 잘 이해가 되지 않습니다. 불경의 말씀은 너무나 깊기 때문입니다. 우리는 한평생 이 두 마디 말을 진정으로 명백히 이해할 수 있다면 결코 헛되지 않을 것입니다! 이 말은 선도대사와 같은 수준이라야 얻어냈다 말할 수 있을 것입니다. 그래서 연지대사께서는 말씀하셨습니다. **"선도대사는 사람들이 아미타부처님의 화신이라 한다. 설사 아미타부처님이 아닐지라도 관음 · 대세지 · 문수 · 보현보살과 동등한 인물일 것이다."** 그래서 비로소 이렇게 말씀하실 수 있는 것입니다. 저는 이렇게 수승한 법문을 들을 수 있어, 부처님의 은혜에 깊이 감사하고 있습니다. 그리고 은혜에 감사하기 때문에 은혜에 보답하고 싶습니다. 그래서 이곳 염불도

량에 와서 아미타부처님 본원의 큰 바다에 경의를 표시하기 위해 「정종심요」를 공양하겠습니다.

불법은 심법心法을 전하는 것으로 심법의 강요를 심요心要라고 부릅니다. 정토삼부경 중에서 『아미타경』은 소경小經이라 하고, 『무량수경』은 대경大經이라 합니다. 어떤 사람은 다만 한 부의 경으로 여겨서 『아미타경』을 소본小本이라 하고, 『무량수경』을 대본이라고 하였습니다. 그래서 우리는 이 두 경전에서 정토종요를 연구하였습니다. 『무량수경』은 정종 제일의 경이고, 『아미타경』은 가장 널리 유통되고 날마다 염송하는 경전입니다.

2. 아미타경 종요宗要

『아미타경』의 강종綱宗은 무엇입니까? 우익蕅益대사께서 가장 잘 말씀하셨습니다. 근대 정종의 대덕이신 인광印光대사께서는 우익대사께서 쓰신 『미타요해彌陀要解』에 대해서 『요해』는 이 경전의 모든 주해 중에서 가장 훌륭한 것으로 석가모니부처님께서 직접 오셔서 주해하셔도 이것을 뛰어넘을 수 없을 것이라고 말씀하셨습니다.

소본(아미타경)의 종요는 신원지명信願持名, 즉 믿음과 발원으로 명호를 집지하는 것입니다. 소본을 연구할 때 우리는 우익대사를 따라갈 것입니다. 우익대사께서는 소본의 강종은 '신원지명信願持名'이라고 말씀하셨습니다. 믿음·발원·지명행(信願行)을 삼자량三資糧이라고 합니다. 집을 나서서 여행하려면 돈을 준비해야 하는데, 이것이 노잣돈(資)입니다. 식권을 휴대해야 하는데, 이것이 식량(糧)입니다. 휴대가 간편한 건조식품은 훨씬 더 확실한 식량입니다. 믿음·발원·지명행, 이 셋은 없어서는 안 되는 세 가지 자량입니다.

오늘 여러분께서는 모두 거사가 되셨습니다. 그런데 여전히 말만하고 믿지 않을 수 있겠습니까? 이번 염불도량에 참가하셨으면 당연히 극락세계가 있고, 아미타부처님이 있음을 알 것이며, 이것이 곧 믿음입니다. 그렇지만 이보다 더 수승한 믿음이 있습니다. 우익대사께서 그의 『요해』에서 이러한 믿음에 대해 여섯 가지를 드셨는데, 오늘은 간단히 조금 설명해보겠습니다.

믿음은 여섯 가지 믿음(六信)[2)]이 있는데, 지금 말씀드리고자 합니다. **극락세계가 있다고 믿고, 아미타부처님께서 계시다는 것을 믿는 것으로 이렇게 믿는 것이 사事이고, 이것은 사상事相입니다.** 사상 차원에서 믿을 수 있으면 유리한 고지를 차지할 수 있습니다. 불학佛學을 전문적으로 연구하는 적지 않은 사람들은 이 측면을 믿지 않습니다. 아미타부처님께서 계시고 당연히 그가 부처님임을 믿는 것이 타인을 믿는 것(信他)입니다. 여섯 가지 믿음 중에서 사상을 믿고 타인을 믿는 것은 신심에서 가장 많은 부분으로 3분의 1에 해당합니다.

---

2) "믿음[信]이란 자신(自身)의 본원심성(本元心性) · 부처님의 말씀[法門] · 원인(原因) · 과보(果報) · 사(事) · 이(理)를 의심없이 철저하게 믿는 것을 말한다." _『불설아미타경요해』(비움과소통).

그리고 여섯 믿음에서 사상(事)과 상대적인 것은 이체(理體 · 理)입니다. 그래서 사상을 믿고 또한 이체를 믿어야 합니다. 타인과 상대적인 것은 자신입니다. 타인을 믿고 또한 자신을 믿어야 합니다. 이 형태는 예를 들면 금으로 반지를 만들면 이것은 둥근 형태이고, 고리를 만들면 또 하나의 형태이며, 목걸이를 만들면 또 하나의 형태입니다. 그러나 당신은 이것을 반지라고 인식합니다. 귀걸이와 목걸이도 마찬가지로 모두 금이라고 인식하지 않고, 사상事相이라고 인식합니다. 금은 바로 이들 귀고리와 반지의 본체입니다. 본체는 금으로, 차별적인 것이 아니라 평등한 것입니다. 그래서 이체理體, 이 본체는 변동하지 않고 생함도 멸함도 없습니다. 그것은 일체 형상을 출현시킬 수 있습니다. 금은 어떠한 형상의 물건도 나타날 수 있는데, 필경 장방형입니까? 일정하지 않습니다. 주조하는 상황에 근거하여 일체 상이 나타날 수 있습니다. 금은 반지를 만든 것으로, 나타나는 것이 아니라 그것은 본래 있는 것입니다. 그것을 녹이지 못하고 사라지지 않으며, 금은 전부 다 있습니다.

이체와 사상, 우리는 사상을 믿을 수 있고 또 이체를 믿을 수 있습니다. 이체는 바로 법신불입니다. 법신불은 미래제가 다하도록 허공에 가득하고, 과거도 현

재도 미래도 없습니다. 이체와 사상을 같이 믿어야 합니다. 만약 흠결이 있으면 깊은 믿음이 아닙니다. 자신과 타인도 마찬가지입니다. 타인(아미타부처님)을 믿을 뿐만 아니라 자신(본원심성, 자성본연)을 믿어야 합니다. 이것이 밀종密宗의 근본도리입니다. 수많은 사람들이 모두 밀종을 배우고 싶어 하지만, 이것이 밀종의 요령要領임을 알지 못합니다. 단지 관정灌頂을 받기만 하고, 수법修法[3]은 수승한 법익法益에 이르지 못합니다.

밀종의 수승한 곳은 자기自己에 있는데, 바로 본존本尊입니다. 선종은 무엇을 부처(佛)라고 말합니까? "맑고 깊은 못을 마주한 것이 부처이다(淸潭對面就是)"라고 말합니다. 당신이 맑고 깊은 못의 물을 보고, 맑고 깊은 못을 대면하면 당신 자신이 바로 물 가운데 드러나는데, 이것이 바로 자기입니다. 『관경觀經』에 "이 마음이 그대로 부처이고, 이 마음이 그대로 부처가 된다(是心是佛 是心作佛)" 하였습니다. 당신이 염불하고 있을 때 바로 이 마음으로 부처가 되는 것입니다. 당신이 부처가 되는 이 마음, 그것이 본래 그대로 부처입니다. 이것은 선종과 밀종이 완전히 일미一味입니

3) '가지기도법(加持祈禱法)'이라고도 한다. 밀교에서 행하는 식재(息災)·증익(增益)·경애(敬愛)·조복(調伏) 등의 4종 기도법(四種祈禱法)을 말한다.

다. 그래서 타인(아미타부처님)을 믿고, 자신을 믿어야 합니다.

다시 원인을 믿는 것(信因)과 과보를 믿는 것(信果)이 있습니다. 수많은 불교도들은 모두 이것을 잊어버렸습니다. 정말 인과를 믿는다면 감히 악한 일을 저지르겠습니까? 악한 일을 저지르면 그 사람은 변했습니다. 이것이 일반적으로 말하는 인과입니다. 믿음으로는 매우 모자랍니다. 여섯 가지 믿음에서 인과는 한 걸음 더 깊이 나가야 합니다. 단지 선하면 선한 과보가 있고, 악하면 악한 과보가 있다고 믿는 것뿐만 아닙니다. 이것은 당연히 믿어야 하지만 깊은 믿음이 아닙니다. **깊게 믿는 것은 당신은 범부이고 믿음·발원·지명持名으로 한평생 염불하여 임종시 계속 염불하면 당신이 아비발치阿鞞跋致(불퇴전)를 이루게 될 것이라는 것을 믿는 것입니다.** 당신은 본래 범부이고 믿음이 있고 발원이 있어 오로지 아미타불을 염하면 이 한 마디 한 마디 염念에는 어떠한 별도의 기교와 미묘함도 없지만 당신이 현생에서 얻는 과보는 결정코 성불입니다.

증득하여 물러서지 않으면 결정코 성불하는 것 아닙니까? 이것은 믿음·발원·지명의 인因으로 무상보리

의 과果를 얻는 것입니다. 수많은 사람들은 아마 믿지 못하는 것 같습니다. 일반인은 언제나 이것도 조금 닦고, 저것도 조금 닦고 싶으며, 이것도 구하고 저것도 구하고 싶어서, 이 수승한 인과를 믿을 수 없습니다. 그래서 우리는 여섯 가지 믿음을 가져야 합니다. 여섯 가지 믿음을 가질 수 있다면 이미 매우 깊은 지혜를 가지고 있습니다. 만약 부족하다면 조금씩 증가시켜 가면 됩니다. 현재 사상을 믿고 타인을 믿는 것으로부터 시작해서 끊임없이 깊이 들어가고, 끊임없이 발전시켜 나가야 합니다. 병이 나면 내가 염불을 잘할 수 있을지 믿을 수 없습니다. 기공사를 찾아 당신의 병을 치료한다면 당신은 기공사의 역량이 당신의 부처님 명호 역량보다 크다고 생각할 것입니다. 당신은 이런 신심에 마땅히 물음표를 쳐야 합니다! 그래서 모두 다 깊이 들어가고 깊이 믿어야 합니다. 이처럼 믿음에는 여섯 가지 측면이 있습니다. 이 여섯 가지 측면을 모두 깊이 믿어야 합니다. 이것이 바로 심요心要입니다.

염불을 많이 하든 작게 하든, 염불할 때 망상이 있든 망상이 없든 그것은 왕생의 관건이 아닙니다. 관건은 당신에게 깊은 믿음과 간절한 발원이 있는가에 있습니다. 그래서 우익대사께서는 "**왕생 여부는 믿음과**

발원의 유무에 달려있다"고 말씀하셨습니다. 발원은「흔모극락, 염리사바(欣慕極樂 厭離娑婆 ; 극락세계를 좋아하여 가고 싶어 하고, 사바세계를 싫어하여 떠나고 싶어 함)」입니다. 이 일은 매우 쉬워 보이지만, 실제로는 전혀 쉽지가 않습니다. 특히「염리사바」이 네 글자는 대단히 어렵습니다. 얼마간 수행한 사람은 여전히 명성을 다투고 이익을 다툽니다. 이러한 명리는 모두 사바세계의 것이 아닙니까? 미련이 남아 있는 것이 아닙니까? 언제나 약간 개선하며 생활하고 싶어 합니다. 고치지 않고 생활한다고 해서 사바세계의 것이 아닙니까? 아녀자, 부부이들의 감정은 다만 자신에 대한 상대방의 사랑이 진실하지 못할까 두려워하고 당신에 대한 나의 사랑이 진실이다, 나에 대한 당신의 사랑이 진실이다, 승강이하며 매우 마음 아파합니다! 이러한 감정은 극락세계에는 없습니다. 극락세계는 모두 다 남자입니다. 이것이 바로 사바세계에 얽혀서 묶임(纏縛)이고, 바로 이것이 본래 부처인 당신을 오늘 이런 형태로 타락시키게 합니다. 그래서 진정한 염리가 필요하고 일체 모든 것에 대해 미련을 갖지 말아야 합니다.

모두 다 출가해야 한다고 말하는 것이 아닙니다. 수많은 출가인은 몸은 출가하였지만, 마음은 집에 있습니다. 그도 또한 불교에서 지위와 명문을 다투고, 그

도 또한 새로운 관계가 있으며, 그와 서로 친한 사람도 있고 또 서로 소원한 사람도 있으며, 모르는 사이에 파벌을 형성하기도 하며 일파와 단결하여 다른 사람을 공격하기도 합니다. 출가하였지만 집에 있으면 사바세계에 미련이 남아있는 것입니다. 거사들의 경우 가장 좋은 것은 집에 있으면서 출가하는 것입니다. 먼저 담박한 생활로부터 시작하여 점점 진실한 염리로 발전시켜 나가 털끝만큼도 미련이 없어야 합니다. **신심을 확고히 하고, 극락에 태어나길 즐겁게 발원하며, 착실하게 명호를 굳게 지니면**(信心堅定 欣願極樂 老實持名) **삼자량이 원만합니다.** 이것이 소본 『아미타경』의 종요입니다.

3. 대승무량수경 종요

대경(무량수경)의 종요는 발보리심發菩提心 · 일향전념一向專念 · 아미타불阿彌陀佛입니다. 발보리심은 정토종에서만 중요시하는 것이 아닙니다. 어떠한 대승법문이든 당신이 참선을 하든, 교학을 하든, 특히 밀종을 하던 상관이 없습니다. 밀종이 수승한 까닭은 빠르게 성취하고 크게 성취하기 때문인데, 그 유일한 원인은 바로 보리심을 특별히 중시하기 때문입니다. 경을 보거나(간경看經) 가르침을 듣는 것(간교看教) 등 갖가지 수행법은 모두 다 보리심과 떼어 놓을 수 없습니다. **보리심이란** 어떤 마음입니까? **여섯 가지 믿음이 견고하여 모두 다 깊은 믿음이어야 하고, 사바세계에 대해 털끝만큼도 미련이 없어야 하며, 오직 일체중생과 함께 모두 다 극락세계에 도달하기 위해 정성 다해 닦을 것을 일심으로 발원하는 것입니다.** 그래서 소경(아미타경)의 믿음과 발원도 바로 보리심입니다.

보리심은 대지혜大智慧 · 대자비大慈悲 · 대원력 세 가지가 일체인 이러한 마음입니다. 일반적인 지혜가 아니고 대지혜이고, 반야입니다. 대자비와 대원, 이러한 마음이라야 보리심이라 합니다. 이것을 밀종에서 **행원行願보리심**(수행자의 행원에 의해 생기는 보리심), **승의勝義보**

리심이라고 합니다. 현교顯教도 이것을 **순사보리심順事菩提心**이라 하고, 또 **순리보리심順理菩提心**이라고 합니다. 또는 **세속보리심, 승의제勝義諦보리심**이라 부릅니다. 요컨대 두 가지로 나눌 수 있습니다. 두 가지를 구족한 것이라야 진정으로 보리심을 일으키는 것입니다.

당나라 시대 신라의 승려인 원효元曉법사께서는 『무량수경종요無量壽經宗要』에서 "무상보리심은 첫째 사에 따라 발심함(隨事發心)이고, 둘째는 이에 수순해서 발심함(順理發心)이다"고 말씀하셨습니다.

'사에 따라 발심함'은 바로 우리들의 사홍서원四宏誓願입니다. "가없는 번뇌를 다 끊어오리다(煩惱無邊誓願斷)", 이는 **단덕(斷德)**으로 가없는 번뇌를 일제히 잘라버리는 것이 단덕입니다. "한량없는 법문을 다 배우오리다(法門無盡誓願學)", 이는 **지덕(智德)**으로 부처님의 이렇게 많은 법을 닦을 수 있고, 이렇게 많은 법이 대지혜이기에 지덕입니다. 번뇌를 끊으려면 지혜가 있어야 합니다. "가없는 중생을 다 건지오리다(衆生無邊誓願度)", 이것은 **은덕(恩德)**으로 중생에 대해 은혜가 있습니다. 그렇게 이 세 가지 서원이 합쳐서 일어나면 성불하니, "위없는 불도를 이루오리다(佛

道無上誓願證)", 그래서 진정으로 사홍서원을 일으키면 일부분 보리심을 일으키는 것입니다. 이를 사에 따른 발심 또는 **세속보리심**이라 하고, 밀종에서는 **행원보리심**이라 합니다. 이런 마음을 일으킨 공덕은 불가사의합니다.

진일보하여, **'이理에 수순하여 발심함'**합니다. 이理에 수순하여 발심하면 언어를 사용해서 말해서는 안 됩니다. 억지로 말하자면 실제 이 마음은 바로 자기 본래의 진심, 각오(覺悟; 깨달음)의 마음입니다. 보리가 바로 깨달음입니다. 깨달음이란 무엇입니까? 자기 자신을 깨달으면 바로 부처이고, 자기 본래 그대로가 부처입니다. 이 대각大覺은 언어가 문득 끊긴 자리(言語道斷)입니다. 언어의 길이 끊어져 말할 수 없는 가운데, 억지로 말하자면 일체법은 모두 환 같고 꿈 같습니다. 이것은 인아人我의 집착을 깨뜨리는 것일 뿐만 아니라 법집法執도 깨뜨립니다. 『금강경金剛經』에서는 **"일체 유위법은 꿈 같고, 환 같으며, 거품 같고, 그림자 같으니라**(一切有爲法 如夢幻泡影)"라고 말씀하십니다. 수많은 사람들은 경을 매일 염송하지만 이들 내용에 대해 눈먼 사람 같고 귀먼 사람 같습니다. 수많은 사람들은 매일 기공을 연마합니다. 기공을 연마하는 것을 진실한 일로 여깁니다. 이는 『금강경』과 격차가

너무 큽니다! 일체 유위법, 유위有爲라는 것은 무언가를 하고 싶어 하고, 무엇을 얻고 싶어 하며, 무엇을 단련시키는 것입니다. 이 몸뚱이를 변화시켜 무너지지 않은 몸을 성취하고, 9년간 면벽공부로 단丹을 이루어서 신선이 되어 갖가지를 벗어 버릴 필요가 없습니다. 이런 것들은 모두 다 꿈같고 환 같습니다! 그래서 일체사상(일체에 상대되는) 법은 위에서 말한 것처럼 법은 환과 꿈일 뿐만 아니라 아라한의 출세간법과 같습니다. 아라한은 법집을 깨뜨리지 못하여 끊을 수 있는 번뇌가 있고, 증득할 수 있는 아라한이 있으니, 이것이 법집을 이룹니다. 정각正覺은 응당 유有도 아니고 무無도 아니며, 사無와 리理에 걸림이 없음을 알아야 합니다.

"부처님께서 제법이 공함을 설하심은 모든 유를 제거하기 위한 까닭이다(佛說諸法空 爲除諸有故)." 부처님께서 제법이 공하다고 말씀하신 것은 당신이 유에 집착하기 때문입니다. 이러한 유를 깨뜨려야 합니다! 만약 공에 집착한다면 그것은 더욱 나쁩니다. "만약 다시 공에 집착하면 제불께서도 제도할 수 없다"고 하였습니다! 불교의 수승하고 뛰어난 점은 바로 여기에 있습니다. 순리보리심에서 이理는 실제이체實際理體로 간략히 본체라 합니다. 그것은 유도 아니고 공도 아니

며, 공과 유가 둘이 아니며, 조용히 중도에 알맞습니다. 유에 집착하고 공에 집착하는 것은 모두 다 본체를 떠나는 것이고, 모두 다 둘에 떨어지는 것입니다. 공은 유에 대해 말한 것으로 둘입니다. 둘이면 **'불이법문不二法門'**이 아닙니다. 『유마경(維摩詰經)』은 바로 불이법문을 설한 경입니다. 수많은 수행인은 이 둘 사이에서 맴돕니다. 이렇게 분리되면 본체로부터 매우 멀어집니다.

먼저 말도 여의고 사려도 끊어져야(離言絕慮)하며, 언설을 떼어 놓아야 합니다. 그래서 언설에 시비가 없어 달을 가리키는 손가락이고, 길을 가리키는 표지판입니다. 예를 들면 북경의 이화원頤和園에 이르면 표지판에 이화원이라 적혀 있습니다. 표지판이 가리키는 방향으로 따라가면 쉽게 공원을 찾을 수 있습니다. 그러나 수많은 사람들은 표지판이 있는 곳을 이화원이라고 여기는데, 그것은 큰 잘못입니다. 또 예를 들면 방안에 등불이 있습니다. 제가 손가락으로 가리켜 이것이 등불이라고 말합니다. 저는 손가락을 가리켰는데, 당신은 이 손가락이 등불이라 여깁니다. 현재 사람들의 착각은 여기에 있습니다. 특히 학자들이 그렇습니다. 이것은 등불입니다. 제가 말한 것은 잘못이 없습니다! 이것은 등불인데 그는 제 손가락이

가리키는 것을 따라가면 등불이 보임을 알지 못하고, 그는 저의 이 손가락이 등불이라 여깁니다. 말을 여의십시오, 말이 필요한 것도 아니고, 경이 필요한 것도 아니지만, 당신이 집착하면 바로 손가락이나 도로 표지판에 사로잡히게 됩니다. 그래서 언어의 길이 끊어지고, 마음 가는 곳이 없어져야 합니다.

마음의 행처에는 길이 없습니다. 그래서 **선종의 개오開悟와 밀종의 대원만대수인大圓滿大手印은 모두 다 "산이 막히고 물이 다하여 더 이상 길이 없는 줄 알았더니, 버들 우거지고 꽃이 밝게 핀 마을 하나 또 있는" 이러한 경지입니다.** 불이 꺼지고 재가 식은 후에 차가운 재 안에 돌연히 뜨거운 콩 한 알이 나타납니다. 이러한 해오(悟解)로부터 광대한 마음이 일어납니다. 이러한 부분에서 출발하여 이렇게 발심합니다.

번뇌가 선법과 대립하고 있음을 보지 않고 단지 번뇌를 끊고 선법을 닦아야 중도입니다. 어떤 사람이 번뇌와 선법은 평등하다는 말씀을 들었습니다. '나는 선을 닦을 필요도 없고 번뇌를 끊을 필요도 없다. 번뇌와 선법이 평등하다고 말하는데, 정말 평등할 수 있을까?' 오리구이(烤鴨)와 곰팡이 빵(黴面包)을 먹는 것이 같겠습니까? 만약 같을 수가 없다 해도 여전히

선법을 닦고 번뇌를 끊어야 합니다. 비록 선법을 닦고 번뇌를 끊을지라도 번뇌와 선법은 평등합니다. 중생을 제도하는 경우 제도하는 이(能度)와 제도받는 이(所度)란 마음이 없이 한량없고 가없는 중생을 제도해야 합니다. 『금강경』에서는 "이와 같이 무량무수무변의 중생을 제도하였지만, 실은 한 중생도 제도를 얻은 자가 없느니라(如是滅度無量無數無邊衆生 實無衆生得滅度者)"라고 말씀하시는데, 바로 이런 뜻입니다. 내가 종일토록 중생을 제도하길 원하지만, 종일토록 누가 제도하는 이이고, 누가 제도 받는 이라는 생각이 없습니다.

그래서 보시할 때 **삼륜체공三輪體空**을 말합니다. 내가 일만 금을 친구에게 송금하려고 하는데, 안으로 일만금을 보낼 수 있는 나(施者)를 보지 않고, 밖으로 일만금을 받는 그(受者)를 보지 않으며, 중간에 일만금(施物)을 보지 않는 것을 삼륜체공이라 합니다. 우리는 보시공양하며 일체의 복을 닦을 때 모두 다 마땅히 삼륜체공을 체득하여야 합니다. 그렇다면 당신의 공덕은 일만 배·일만억 배 크고, 무한대일 수 있습니다. 왜냐하면 당신이 집착하면 유위법이 되기 때문입니다. 유위법은 공덕이 유한하고, 무위법은 무한합니다. 이理에 수순한 발심은 물러남이 없고, 이와 같은 발

심의 공덕은 끝이 없습니다! 여러 부처님께서는 겁이 다하도록 연설하시지만, 그 공덕을 말씀하셔도 능히 다 말씀하시지 못한다고 하셨습니다.

『유마경』에서는 **"아뇩다라삼먁삼보리심**(보리심은 이것의 약칭임)**을 발할 수 있음이 출가이니라**(能發阿耨多羅三藐三菩提心是出家)"라고 말씀하십니다. 출가를 하고 싶은 사람이 수없이 많으나, 늘 곤란한 장애를 겪게 됩니다. 예를 들면 부모님께서 승낙하지 않으면 안 됩니다. 그러나 **보리심을 발하면 출가**이므로 재가인도 출가인과 같은 공덕이 있습니다. 『유마경』에서는 또한 **"아뇩다라삼먁삼보리심을 발하면 일체 공덕을 구족하느니라**(發阿耨多羅三藐三菩提心一切具足)."라고 말씀하십니다. 일체공덕을 이미 구족하였으니, 다시 아무것도 모자라지 않습니다. 그래서 우리는 수행할 때 이렇게 근본을 틀어쥐어야 합니다! 그러면 일체 공덕을 구족합니다.

또한 『비바사론毗婆沙論』[4]에서는 "이 법문은 제불의 아버지이다."라고 하였습니다. 이 법문은 곧 발보리심으로, 이것은 일체 부처님의 아버지입니다. "제불의 어머니"는 보이지 않습니다. **모든 부처님은 완전히**

---

4) "이 법문은 제불의 아버지이고, 제불의 어머니이며, 제불의 눈이고 무생법인의 어머니이며, 대자대비의 어머니이다. 항상 닦고 익히면 공덕이 한량없고 가없다." 『비바사론』

발보리심에서 나오는 것입니다.

또한 "제불의 눈이다"라고 하였습니다. 제불께서는 두루 제도해야 하고, 일체를 비추어 볼 수 있어야 합니다. 무엇이 눈입니까? **보리심이 눈입니다.**

"무생법인의 어머니다." 우리는 모두 다 꽃이 피어서 아미타부처님을 뵙고 무생법인에 듭니다. **무생법인의 어머니는 무엇입니까? 발보리심입니다.** 꽃이 필 때 왜 무생법인을 증득합니까? 왜냐하면 당신이 일찍 진정으로 보리심을 발한 적이 있기 때문입니다.

"대자대비의 어머니이다." 언제나 닦고 읽히면 공덕이 한량없고 끝이 없습니다! **발보리심의 수승함을 찬탄합시다! 그것은 부처님의 부모입니다.** 꽃이 피어 부처님을 뵙고 무생에 들어가니, 이것은 무생의 어머니입니다. 다시 『대반야경大般若經』[5]에서는 "화살로 물건을 향해 쏘는 것과 같다(如以箭射物)"고 말씀하십니다. 화살을 잡고 과녁을 쏘면 쏘아 맞출 수도 못 맞출 수도 있습니다. 그러나 땅을 향해 쏘면 누구라도 맞춥니다. **이것은 보리심을 발하면 마치 화살을 잡고**

---

5) "화살로 물건을 향해 쏘면 혹 맞출 수도 혹 못 맞출 수도 있지만 화살을 땅을 향해 쏘면 맞추지 않음이 없는 것과 같다(如以箭射物 或中或不中 以箭射地 無不中者)." 『대반야경』

땅을 쏘듯이 절대로 맞춘다는 뜻입니다. 이것이 발보리심의 공덕입니다.

다음으로 밀종의 보리심 공덕을 말해보면 더욱 더 깊어집니다. 우리는 왕왕 근본을 버리고 말단을 구합니다. 가장 근본적인 것은 당신이 그것을 버리는 것입니다. 밀종의 경전인 『보리심의菩提心義』[6]에서는 "보리의 마음은 성불의 근본이다(菩提之心 成佛之本)"라고 합니다. 이런 보리의 마음은 성불의 뿌리입니다! 근본원천입니다! 일대사인연, 부처님께서 세상에 출현하신 일대사인연입니다. "일대사인연은 이것보다 나은 것은 없다(大事因緣莫過于此)." 일대사인연은 다시 발보리심을 넘어서는 것은 없습니다.

다음으로 "만약 지혜를 구한다면"을 설명하겠습니다. 만약 어떤 사람이 부처님의 지혜를 구하려 한다면 부처님이 바로 지혜입니다. 팔식(八識; 아뢰야식)을 굴려서 네 가지 지혜[7]를 이루면 바로 지혜입니다. 열반삼덕

---

6) "보리의 마음은 성불의 뿌리다. 일대사인연은 이것보다 나은 것은 없다. 만약 부처님의 지혜를 구하려면 보리심을 통달하라. 부모님이 낳아준 이 몸으로 빨리 대각의 과위에 오른다." 『보리심의』

7) "부처님의 지혜가 부사의지(성소작지) · 불가칭지(묘관찰지) · 대승광지(평등성지) · 무등무륜최상승지(대원경지)임을 깨닫지…" 『무량수경』「제40품 변지, 의심의 성에 갇히다」. 상세한 설명은 『무량수경 심요』(비움과소통), 정공법사 강설 참조.

涅槃三德은 법신·반야·해탈입니다. 해탈을 하면 다시 본래 지니고 있는 법신으로 돌아가고, 모두가 다 반야의 미묘한 지혜에 전적으로 의지합니다. 부처님의 지혜를 구하려면 "보리심을 통달"해야 합니다. 보리심을 통달하면 "즉신성불卽身成佛"할 수 있습니다. 부모님이 낳아준 이 몸, 바로 이 몸으로 대각大覺의 과위를 증득합니다. **선종은 즉심성불卽心成佛이고, 밀종은 즉신성불卽身成佛입니다. 즉신성불의 관건은 철저히 보리심을 통달함에 있습니다.**

그러나 현재 유감스럽게도 현교든 밀종이든 상관없이 무엇이 보리심인지 진정으로 명백히 깨달은 사람은 많지 않습니다. 잎 따고 가지 찾는 사람은 많지만, 근본을 중시하는 사람은 적습니다. 『보리심론菩提心論』[8]에서는 "이 보리심으로 일체 부처님의 공덕법을 품을 수 있다"고 말합니다. 이 보리심은 일체 제불의 공덕법을 포괄하고 함장含藏합니다. "만약 수증修證이 나타나면" 그래서 이것은 개오開悟와 같아서 대원만해大圓滿解·대원만견大圓滿見이 열린 후 대원만에 계입契入합니다. 이것은 선정과 같습니다!

8) "이 보리심은 일체 제불의 공덕법을 품을 수 있는 까닭에 만약 수증修證이 나타나면 일체도사를 위하고, 만약 근본으로 곧 밀엄국토로 돌아가면 자리에 일어나지 않고 일체불사를 성취할 수 있다." 『보리심론』

5조 홍인대사는 6조 혜능대사에게 "자심自心을 이해하지 못하고 본성을 모르면 법을 배워도 이익이 없다"고 말씀하셨습니다. 자기의 마음을 이해하지 못하고 자기의 본성을 모르면 법을 배워도 아무런 이익도 없습니다. "자심을 알고 자신의 본성을 알면 장부丈夫·천인사天人師이다." 당신이 바로 부처라면, 의발衣鉢을 그에게 주었을 것입니다. 출가하여 수계를 받은 사람에게 의발을 얻은 사람이 없다는 것은 천고千古에 제일로 기이한 일입니다. 그래서 당시 묘(廟; 사찰) 안의 사람들은 어찌 묘 안에서 천한 일을 하는 사람에게 부처의 의발을 가지고 가도록 하였는지 납득할 수 없었습니다. 그래서 뒤쫓아 갔습니다. 이것은 명리를 위해 뒤쫓아 간 것이 아닙니다. 여러분들은 이것이 너무나 납득이 되지 않음을 알아야 합니다.

위의 구절 "일체 도사를 위하고" 다른 사람을 깨닫게 하고 자신이 깨닫는 즉 "일체 도사는 근본으로 돌아갑니다(歸本)." 발한 바 마음은 바깥을 향해 달려 나가는 것이 아니고, 마음의 근원을 돌이켜 궁구하고 마음을 돌려 근본에 도달하는 것입니다. 근본(本)이란 본원本源, 본각本覺입니다. 구슬이 빛을 발하여(발심) 구슬의 몸체를 다시 비추는 것(귀본)입니다. 『정수첩

요淨修捷要』에서는 "시각은 본각을 여의지 않아 구경각에 이르는 깨달음의 길로 곧장 달려갑니다"라고 말합니다. 시각이 본각과 합하면 깨달음과 떨어지지 않습니다.

게다가, "본本"은 바로 밀엄국토密嚴國土입니다. 밀엄국토는 바로 극락국토입니다. 밀종에는 "먼저 마음을 극락으로 보낸다(先送心歸極樂)"는 말이 있습니다. 이 말은 비록 자기 몸은 사바에 있지만 심신은 극락에 살 수 있고, 자기의 심신은 저 국토와 분리되지 않음을 가리킵니다. 이것은 처음 해석한 것이고, 한걸음 더 나아가면 마음과 국토가 불이하다는 말입니다. 만약 자신의 마음(自心)과 극락의 상적광토가 상응하면 자신의 몸(自身)이 당하當下에 즉시 법신대사法身大士입니다. 그래서 당하에 "자리에서 일어나지도 않고, 일체불사를 이룰 수 있습니다." 자리에서 일어날 필요도 없이 일체불사가 모두 원만히 이미 완성되었습니다(圓滿成辦). 이것이 바로 원돈교圓頓敎의 교지敎旨입니다. 만약 이해할 수 있다면 지극히 수승한 공덕이 있습니다. 설사 이해할 수 없을지라도 일단 이근耳根을 통과하면 모두 다 영겁에 소멸하지 않은 법익이 있습니다. 왜냐하면 모두 다 금강의 지혜이고 부처님의 진정한 심수心髓이기 때문입니다.

성불하려면 부처의 인因을 심어야 합니다. 부처란 각오覺悟입니다. 각覺이란 무엇입니까? 평등법平等法입니다. 자신의 마음과 부처님의 마음은 평등합니다. 석가모니부처님께서 성불하실 때 말씀하신 제일구第一句는 "신기하고 신기하여라. 모든 중생들은 여래의 지혜 덕상을 모두 갖추고 있다. 오직 망상집착으로 증득할 수 없을 뿐이라(奇哉奇哉 一切衆生 皆具如來智慧德相 唯以妄想執著 不能證得)." 바로 이 한마디 말씀[9]이었습니다. 일체중생, 파리나 개미들도 한가지로 모두 다 여래의 지혜 덕상을 지니고 있습니다. 단지 망상과 집착이 있기 때문에 그것을 나타낼 수 없고, 범부가 되었습니다. 누구를 탓하겠습니까? 자신을 탓할 따름입니다.

발심의 수승공덕은 앞에서 설명하였습니다. 만약 발심하지 않으면 어떠한가? 묻는다면 두 가지 측면에서 말할 수 있습니다. 『열반경涅槃經』에서, 부처님께서는 열반에 드실 때 "비록 별상別相을 믿을지라도"(차별의 능신能信에 대해) "일체, 무차별상을 믿지 않느니라"(자성은 일체이고, 본래 무차별의 상임을 일절 믿지 않음)라고 말씀

9) "신기하고 신기하여라. 어찌하여 이 모든 중생들이 여래의 지혜를 모두 갖추고 있는가? 그런데 어리석고 미혹하여 알지 못하고 보지 못하는구나. 그러므로 내가 마땅히 성스러운 진리로써 가르쳐서 그들로 하여금 망상과 집착들을 영원히 떠나게 하고 스스로 자신 속에서 여래의 넓고 큰 지혜가 부처님과 전혀 다른 점이 없음을 볼 수 있게 하리라." 『화엄경』「여래출현품如來出現品」

하셨습니다. 이를 "믿음을 구족하지 않음(信不具)"[10]이라고 합니다. 현재 여러분들은 믿음을 구족하고 있는지 구족하고 있지 않은지, 여러분들은 스스로 『열반경』의 말씀에 근거하여 살펴보고 살펴보아야 합니다. 믿느냐 믿지 않느냐, 이것이 일체 무차별의 본체입니다! 만약 믿음을 구족하고 있지 않다면 경에서는 "믿음을 구족하고 있지 않은 까닭에 모든 경계도 또한 구족하지 못한다."고 말합니다. 이 말씀은 대단히 중요합니다. 왜냐하면 믿음을 구족하고 있지 않기 때문에 비록 진지하게 계를 지녀서 살생도 음주도 무엇무엇도 하지 않을 지라도 당신은 여전히 오계五戒를 구족하지 못하고 있습니다.

"비록 많이 들었어도 구족하지 못하고 있느니라." 비록 법문을 많이 들었을지라도 가장 중요한 것에 대해 이해하지 못하고 있습니다. 고덕께서는 또 **"보리심이 없으면 삼귀三歸·오계五戒 또한 성취하지 못한다"**라고 말씀하셨습니다. 이는 근기가 상相에 이르렀음을 말합니다. 삼귀·오계를 모두 다 성취하지 못하였다면 부끄럽고 두려워하여야 합니다. 그래서 정말로 무엇이 순리보리심인지 정말로 분명히 알아야 합니다. 왜

---

10) 천제인(闡提人), 진리를 믿지 않거나 인과를 믿지 않고 악을 행하는 자를 말함.

삼귀·오계가 성취되지 않았다고 합니까? 불법의 근본 뜻을 명백히 이해하지 못하였기 때문입니다.

화엄경에는 또 한마디 말씀이 있으니, 여러분들은 이 말씀을 듣고 확실히 기억해두어야 합니다. 경에 이르길, "**보리심을 잃고서 선법을 닦으면 마업이 되느니라**(忘失菩提心 修諸善法是爲魔業)."라고 하였습니다. 보리심을 발한 적이 있으나 잊어버렸다면 선한 일을 하여도 마구니(魔)의 사업이 되어버립니다. 그래서 마침내 부처님 공부(學佛)를 하고 있으나, 여전히 마구니 공부를 하고 있습니다. 수많은 사람들은 이런 부분을 여전히 또렷이 이해하지 못하고 있습니다. 수많은 사람들은 자신이 부처님 공부를 하고 있다고 여기나, 이미 마구니 대열 속으로 출근하고 있습니다. 불전에서 발심문을 염송하고 불전을 나서면 모조리 잊어버려서, 번뇌가 예전대로 일어나고 화기가 여전히 왕성하여 법을 배워도 아무런 이익이 없습니다. 근본을 분명히 하지 못하고 단지 작은 선을 행하니, 마구니가 나갈 수 없습니다. 그래서 여러분들은 여러 사람들에게 이 근본을 분명히 하라고 거듭 권하시길 희망합니다. 만약 그렇지 않으면 귀의함이 없어 불교도가 아닙니다.

위에서 설명한 순리보리심은 깊어집니다. 현재 정종

의 초보 수행자는 어떻게 해야 합니까? 담란曇鸞대사의 『논주論注』[11] 중의 말씀을 인용하면 대사께서는 "무상보리심은 곧 부처가 되길 바라는 마음이다"라고 말씀하셨습니다. 성문·연각을 구해서도 안 되고, 천상(천국)에 태어나고 싶어 해서도 안 되며, 천수를 누리다가 죽어서 다음 생에 부귀를 누리고 싶어 하는 것도 안 됩니다. 부처가 되길 바라는 마음을 일으켜야 합니다.

"부처가 되길 바라는 마음은 곧 중생을 제도하고자 하는 마음이다." 나 자신만 성불하는 것이 아닙니다. 불교의 위대함은 나를 위하는 것이 아닙니다. 왜 부처가 되고자 합니까? 중생을 제도하고자 부처가 됩니다. 어떻게 중생을 제도합니까? 즉 "중생을 거두어 부처님 계신 국토에 태어나게 하고자 하는 마음"입니다. 중생을 거두어 부처님이 계신 국토에 이르게 하고자 하는 마음입니다. 『대승기신론』에서는 "중생은 가지에 매달려 있는 약한 새와 같다" 하였습니다. 작

11) "이 무상보리심은 곧 부처가 되길 바라는 마음이다. 부처가 되길 바라는 마음은 곧 중생을 제도하고자 하는 마음이다. 중생을 제도하고자 하는 마음은 곧 중생을 거두어 부처님 계신 국토에 태어나게 하고자 하는 마음이다. 그러므로 저 안락국토에 태어나길 바라는 사람은 반드시 무상보리심을 일으켜야 한다. 만약 무상보리심을 일으키지 않고 다만 저 국토에 왕생하면 끊임없이 즐거움을 받는다는 것만 듣고 그 즐거움을 누리기 위해 그곳에 태어나길 바란다면 역시 왕생할 수 없다." 『왕생론주往生論注』

은 새는 간신히 날수 있으므로 나뭇가지에서 떼어놓으면 안 됩니다. 성취하지 못한 사람은 부처님으로부터 떼어놓으면 안 됩니다. 어떻게 중생을 제도합니까? 중생으로 하여금 부처님께서 계신 곳으로 이르도록 합니다.

“그러므로 저 안락국토에 태어나길 바라는 사람은 반드시 무상보리심을 일으켜야 한다.” “만약 무상보리심을 일으키지 않고 다만 저 국토에 왕생하면 끊임없이 즐거움을 받는다는 것만 듣고 그 즐거움을 누리기 위해 그곳에 태어나길 바란다면 역시 왕생할 수 없다.” 일체중생을 널리 제도하고 타인을 이롭게 하기 위해서가 아니라 오로지 자신이 행복할 수 있으면 되고, 법을 공부하는 것도 단지 모든 길상을 구하고 번뇌가 없기를 바라며, 단지 금생에 한 평생 좋을 뿐만 아니라 내가 죽어서 다음 세상에서도 좋아야 한다면, 개인을 위한 것은 전부 대승의 마음이 아닙니다. 극락세계에 왕생하는 것은 모두 다 대승으로서, 그 가운데 성문·연각이라 부르는 것은 미혹을 끊은 정도를 가리킵니다. 만약 발심을 논한다면 모두 다 대승의 마음을 일으키는 것입니다. 『왕생론往生論』에서는 “이승二乘의 종성種性으로 왕생하지 않네”라고 하였습니다. 이승의 종성인 성문·연각은 왕생할 수 없습

니다. 그래서 정토대법淨土大法이 천하고 얕다고 여기지 마십시오.

대경(무량수경)의 종요는 「발보리심 · 일향전념 · 아미타불」입니다. 우익대사께서는 **“한마디 아미타불 부처님 명호는 석가모니부처님께서 증득한 아뇩다라삼먁삼보리 법이다”**라고 말씀하셨습니다. 아미타여래께서 인지因地 상에 계실 때 갖가지 대원을 발하셨고 몇 겁의 수행으로 부처님을 이루셨으니, 이것은 한량없는 갖가지 공덕의 과실입니다. 이 한마디 아미타부처님 명호는 무량겁 이래 공덕을 성취한 것입니다. 그래서 명호는 공덕의 과실이고, 명호에는 자연히 무량한 일체공덕이 들어 있습니다. 현재 부처님의 이러한 과지果地, 각오覺悟의 과실은 우리들 박지범부를 위해 지으셨습니다. 생사고해生死苦海 한 가운데 중생은 인지에서 수행하고 있는 초심 수행자입니다.

아미타불, 이 부처님 명호는 만덕萬德을 갖추고 있습니다. 내가 아미타불을 염하면, 나의 마음은 바로 이 한마디 아미타불입니다. 이 한마디에는 아미타부처님의 만덕이 들어있어 나의 마음을 성취합니다. 그래서 나의 마음은 아미타여래의 만덕을 불러와서 불가사의를 직접 깨칠 수 있습니다. 정종淨宗의 묘용妙用은

우익대사의 『요해』에 발췌한 "사의 집지로부터 이의 집지에 도달하고, 범부의 마음 그대로 부처님의 마음을 이룬다(從事持達理持 卽凡心成佛心)'의 두 마디 말씀을 따를 수 있습니다. 사의 집지(事持)는 사람마다 행할 수 있습니다. 여기서부터 시작하여 점차 업장이 맑아지고 공부가 순정한 경지에 이르며(垢淨功純),12) 은연중 도의 미묘함에 합치되며(暗合道妙), 이의 집지(理持)에 도달합니다. 이것은 범부의 마음이 이미 자기도 모르는 사이에 범부를 뛰어넘어 성인을 이루고 부처님의 마음을 성취함을 말합니다.

우리는 시작하자마자 곧 이렇게 한마디 염불을 하면 됩니다. 그래서 수많은 할머님들이 착실히 수행하여 왕생하셨습니다. 복건福建성에 사시는 80여 세의 할머니께서는 거의 10년간 채식하며 염불하셨습니다. 임종 시에 줄곧 8일 동안 식사를 하지 않고서 단정하게 앉아 염불하셨습니다. 사후에도 여전히 단정히 앉아 있었고, 의자에 채워둔 고정 걸쇠도 모두 흔들리지 않았으며, 여전히 매우 장엄하였다고 합니다. 80여 살의 나이였음에도 그녀는 '사'의 집지로부터

12) "공순업정功純業淨이란… 염불행이 전일해진 후 오래도록 공부가 순숙해져서 「공부가 순정한 경지에 이른다(功純)」. 염불이 이미 육근을 거두어서 자연이 새로운 업이 만들어지지 않고 또 염불일성이 80억겁의 생사중죄를 소멸할 수 있는 까닭에 자연이 「업이 맑아진다(業淨)」", 『심성록心省錄』, 황념조 거사

자기도 모르는 사이에 은연중 도의 미묘함에 합치되면서 '이'의 집지로 나아갔습니다. 당신이 염할 때 세간사에 모두 다 미련을 갖지 않고, 바깥의 온갖 인연(萬緣)을 놓아버려야 합니다. 마음에는 오로지 한마디 아미타불을 염하면 바로 일념단제(一念單提 ; 일념으로 아미타불 명호를 드는 것)입니다. '사事'의 집지로 이렇게 일체를 놓아버릴 수 있으면 머무는 바가 없습니다. 『금강경』의 종요는 "마땅히 머무는 바 없이 그 마음을 내어라(應無所住而生其心)"입니다. 이 머무는 바 없는 마음은 본래 등지보살登地菩薩[13]이라야 이룰 수 있는 사이지만, 범부가 착실히 염불하면 자기도 모르는 사이에 은연중 도의 미묘함에 합치하여 온갖 인연에 머무르지 않고 쉬지 않고 마음을 내니, 지상보살과 같습니다.

그래서 염불공덕은 불가사의합니다(주문을 수지하는 것도 이와 같습니다). '사'의 집지로부터 '이'의 집지에 이르기에 이러한 사의 집지를 행하는 범부의 마음은 당하에 부처님의 마음을 성취합니다. 곧 범부의 마음 이

13) 보살의 위位는 십신위十信位 · 십주위十住位 · 십행위十行位 · 십회향위十迴向位 · 십지위十地位 · 동료등각同了等覺 · 묘각妙覺으로 모두 합쳐서 52위이다. 등각보살은 부처와 비교하면 이미 차이가 많지 않아 서로 같은 각오覺悟로 보살에서 가장 높은 계위이다. 묘각妙覺은 바로 부처이고, 등지는 십지 위에 오른 것으로 어떤 위에 오르든 모두 다 등지보살이라 한다.

대로 부처님의 마음을 이루고, 마음 이대로 부처를 이루며(卽心成佛), 바로 깨칩니다(直接了當). 그래서 염불공덕은 불가사의합니다. 또 『관불삼매경觀佛三昧經』에서 수승한 비유를 찾을 수 있습니다. 한 가난뱅이가 왕자의 금병을 훔쳤는데, 그것은 보배였습니다. 다들 그를 추적하자 그는 나무에 올라갔습니다. 뒤쫓던 자가 나무를 넘어뜨리자 가난뱅이는 아래로 떨어졌습니다. 그런데 이때 그는 금병 보배를 그만 삼켜 버렸습니다. 그는 마침내 떨어져 죽었습니다. 나중에 신체는 이미 썩었지만, 금병은 여전히 방광하고 있었는데, 그들 악인은 이미 놀라 달아났습니다. 이것은 부처님께서 말씀하신 비유입니다.

부처님께서는 또 아난에게 **"염불에 머무는 자의 심인心印은 무너지지 않나니, 또한 이와 같으니라."**라 말씀하셨습니다. 염불에 머무는 사람의 심인은 무너지지 않습니다. 이 가난뱅이는 보배를 먹은 후 이미 떨어져 죽었고, 사지도 이미 썩었지만 이 보배금병은 마음속에 방광하고 있었고, 악인들도 이미 놀라 달아났습니다. 그래서 염불을 하는 자는 마땅히 마음속에 착실히 한마디 부처님 명호가 있으면 심인이 무너지지 않음을 알아야 합니다. 심인心印이란 부처님께서 마음으로써 마음을 전하고 마음으로써 마음에 도장을 찍는 것을 말합니다. 마음으로써 도장을 삼아 만법을 인증합니다.

전법傳法, 전함이란 무엇입니까? 전함이란 마음입니다. 어떻게 인증할까요? 마음을 붙잡아서 인증합니다. 인印이란 인감印鑒입니다. 당신의 인감이 맞으면 다른 사람과 은행이 당신에게 돈을 지급합니다. 인감이 틀리면 본인의 돈이라도 은행에서 출금하지 못합니다. "염불에 머무는 자는 심인이 무너지지 않는다"란 『관불삼매경』의 경문입니다. 무너지지 않음이란 항상 비춤이고, 방광입니다. 선禪·밀密·정토는 서로 상통하는 곳이 많습니다.

4. 허운 노화상 설법의 정업심요淨業心要

1931년 복건성 공덕림功德林 거사 염불칠(念佛七; 7일간의 염불집중수행) 법회에서 중국 근대의 3대 고승(체한·인광·허운) 중 한 분이신 허운 노화상(화상은 나를 거두어 불문에 들인 첫 번째 은사이시다)께서는 마침 일이 있어 그곳에 계셨는데, 염불칠이 있다는 말을 듣고 가셨다고 합니다. 공덕림 거사들이 마침 염불을 하고 있었는데, 노화상께서 오신다는 말을 듣고 수많은 사람들이 마중 나가서 예배하였습니다. 생각지도 않게 노화상께서 그들을 크게 꾸짖고 나무라며 말씀하셨습니다. “그대들은 다 거사이고, 염불칠에 참가하여 수년간 부처님 공부를 잘 해왔다. 오늘 불칠도량인데, 그대들은 어찌하여 불법의 당번을 거꾸로 꽂았는가! 거꾸로 꽂았는가! 왜 뛰어나와 나에게 절을 하는가.” 이러자 모두들 곧 돌아가서 똑바로 앉아 법문을 들었습니다.

화상께서는 이어서 “염불타칠念佛打七은 한마음(一心)을 중히 여긴다”라고 말씀하셨습니다. 이 말씀의 의미는 이렇습니다. 몸이 도량에 있으면 한마음 한뜻으로 닦아야 합니다. 만약 한마음 한뜻이 아니면 이쪽

으로 보고 저쪽으로 들어서 누군가 하루 동안 잡담을 할 것입니다. 이렇게 염불칠에 참가하면 현재 성취하지 못할 뿐만 아니라 미륵보살께서 다시 오실 때까지 염해도 여전히 업장이 몸을 얽어맬 것입니다. 마땅히 머리부터 발끝까지 면밀하게 한마디 바로 뒤를 따라 한마디, 한 글자 한 글자 한마디 한마디 산란하지 않아야 합니다. 바로 이 한마디를 산란하지 말고 염하십시오. 잠시 떡을 먹고 싶어 하고, 잠시 또 텔레비전을 보고 싶어 하고, 잠시 또 집안 화로 위에 올려놓은 물주전자를 생각하는 바로 이 마음이 산란散亂입니다. 도량에서 이런 것들을 모두 내려놓고 「나무아미타불, 나무아미타불」 하십시오. 부처님께서 오셔도 이렇게 염하고, 노화상님께서 오셔도 말할 것도 없고, 부처님께서 앞에 나타나셔도 이렇게 염하고, 마구니가 와도 이렇게 염해야 합니다. 바람이 불어도 스며들지 못하고, 비가 와도 적시지 못하며, 바깥의 무엇에도 방해받지 않을 정도로 염해야 성공하는 날이 있습니다.

부처란 무엇입니까? 부처란 각오覺悟입니다. 부처란 깨달음입니다. 마구니란 무엇입니까? 마구니는 마장과 번뇌(魔惱)입니다. 마구니란 번뇌이고, 뇌란惱亂이며, 당신을 번뇌케 하는 것입니다. 부처님은 당신이

깨달았다고 하였습니다. 부처님은 깨달으신 분입니다. 그래서 당신이 깨달을 때가 바로 견불見佛하는 때입니다. 각심覺心이 또렷하게 비치는 것이 견불입니다. 번뇌가 일어나면 괴롭히거나 괴롭힘을 당합니다. 이러한 때 마구니가 나타납니다.

허운 노화상께서는 또 법문하셨습니다. "지금 막 불칠도량에 들어가자 수많은 사람들이 움직이지 않고 앉아 있다. 누가 와도 상관없이 부처님을 염하면 이러한 사람은 모두 견불할 것이다." "몇 명이 와서 나에게 절하고 마중하였는데, 그대들은 왜 마중하였는가? 세월을 헛되이 보내었고, 공연히 시간을 낭비하였다."(그래서 우리는 모두 다 시간을 최대한 아껴야 한다. 시간은 바로 생명이다) "그렇다면 어찌 나 때문에 그대들의 큰일을 뇌란시키는 것이 아니겠는가? 그대들이 염불할 때 내가 와서 그대들의 마음이 불안하여, 나와서 나를 마중하니 이는 내가 그대들을 방해한 것이고, 그대들이 나를 마구니 곁으로 떠미는 것에 불과하다."

이것은 정말 지극히 수승한 법문입니다. 부처님 공부를 하는 수많은 사람들이 이미 전도되어 있으므로 이래야 삼보를 존경하는 것이고, 이래야 여법하게 수지

하는 것이며, 이래야 스스로를 속이고 남을 속이는 것을 면할 수 있습니다.

또 노화상의 몇 마디는 신통한 측면의 일에 대해 이야기 했습니다. "일반인은 불법을 이해하지 못하므로 세상의 명리를 잊지 못하고, 신통을 바라고 변화를 바라는 이 망상을 품으면 사도가 아니라 곧 마구니다(一般不明佛法 未忘名利求通求變 存此妄想非邪卽魔)." 일반인이 불법을 이해하지 못하는 것은 왜일까요? 명리의 마음을 근본적으로 잊지 못하고, 생각생각 사이에 어떻게 불교 중의 명성·지위와 권리·이익을 쟁탈하느냐를 계산하기 때문입니다. 불법을 공부한 후 신통을 얻고 싶고 능히 변모하고 싶은, 이와 같은 망상이 존재하는 것은 사도邪徒가 아니라 마구니의 권속입니다. 따라서 "사도가 아니라 곧 마구니"라고 말씀하셨습니다.

모름지기 마음 바깥에는 법이 없고, 일체법은 자신의 마음속에 있음을 알아야 합니다. 지금 막 자신의 믿음을 말하였습니다. 자기 자신의 마음은 본래 여래지혜의 덕상임을 믿어야 하고, 마음 바깥에 법을 구해서는 안 됩니다. 지금 막 우리는 아미타불을 염하였습니다. 그것은 마음 바깥에서 구하는 것이 아닙니

다. 당신은 자신을 믿어야 합니다. 이미 당신이 자신의 마음속에 있다면 당신의 마음은 부처님의 마음과 같이 일체 처에 두루 가득합니다. 아미타부처님께서 당신의 마음속에 있을 뿐만 아니라 일체 부처님께서 당신의 마음속에 계십니다.

허운 노화상께서는 또 말씀하셨습니다. "신통이 마음에 일어나길 어찌 바라겠는가? 이러한 마음 씀(用心)이 있으면 어찌 머묾이 없는(無住) 진리를 증득할 수 있겠는가?" 『금강경』에서는 "마땅히 머무는 바 없이 그 마음을 내어라"고 말합니다. 당신이 먼저 어떠한 신통을 구하는 마음이 있다면 머무는 바가 있으니, 어떻게 머묾이 없는 진리와 도리에 서로 계합할 수 있겠습니까? "이러한 유의 사람들"은 부처님께서 그들을 "불쌍하고 안타까운 자"라고 불렀습니다!

허운 노화상께서 말씀하신 법문이 지닌 묘의妙意는 무궁합니다. 그 가운데 수승한 점은 자리를 떠서 당신을 맞이하여 정례한 사람들에게 "불법의 당번을 거꾸로 꽂았다"고 꾸짖어 책망하셨다는 것입니다. 원래 자리에 서서 움직이지 않는 사람이 "염불"하여 "견불"합니다. 이는 그 당시 석존께서 하늘에 올라 어머님을 위해 설법한 후 인간으로 돌아와서 환영 나온

비구니에게 꾸짖어 책망하셨지만, 마중 나오지 않은 수보리가 동일한 전철을 밟은 것과 같습니다. 이 비구니는 신통력이 있어 전륜성왕으로 화현化現하고서 열을 지어 부처님을 마중하는 대오 앞에 상수가 된 첫 번째 분이었습니다. 과연 그녀는 일차로 부처님을 친견하였습니다. 부처님께서 일견 왜 대승(大僧; 비구) 앞에 서서 그녀를 바로 책망하였까요? 그녀는 "부처님을 일찍 뵙고 싶었다."고 말했습니다. 부처님께서는 "네가 먼저 나를 보지 않았다. 오히려 수보리가 첫 번째로 나를 보았다." 라고 말씀하셨습니다. 이날 수보리는 숲 사이에서 정좌하고 있었는데, 한 생각이 일어났습니다. "오늘 세존께서 돌아오실 때 마중을 나갈 것인가? 계속해서 여래는 어디서부터 온 것도 없고 어디로 가는 것도 없으니, 어떻게 마중을 가겠는가?" 라는 생각에 미쳐서 계속 정좌하였습니다. 선문禪門은 마음을 전하는 법이라고 볼 수 있습니다. 세존의 마음은 현대의 고승인 허운 노화상까지 전해졌습니다. 마음과 마음이 서로 도장을 찍으니, 한맛으로 차이가 없습니다. 이 공안의 계시(啓示; 일깨워 가르침)에 따르면, 무엇을 견불見佛이라고 하고, 어떻게 하면 견불할 수 있겠습니까? 이미 더 이상 질문이 필요하지 않습니다.

허운 노화상께서는 동시에 정종에 대해서도 지극히 소중한 법문을 힘껏 선포하였습니다. "염불은 한마음을 중히 여긴다." 부처님께서 오시든 마구니가 오든 일절 상관하지 말고, 단지 전후가 이어지도록 착실히 전일하게 염할 뿐입니다. 마중 나오는 자에게 큰 소리로 꾸짖습니다. "불법의 당번을 거꾸로 꽂지 말라."(전도되어 법을 비방하지 말라) 계속해서 지념持念하여 부동하는 사람이 "염불念佛 · 견불見佛"하게 된다고 찬탄합니다. "염불하는 때가 견불하는 때이다."라는 정종의 경구는 허운 노화상의 말씀임을 알 수 있습니다. 바로 선종 제일 대덕의 정종에 대한 소중한 인증認證입니다.

혹 어떤 이는 말합니다. "당신이 잘못 이해한 것이오. 허운 노화상은 중점은 「부동不動」에 있지, 염불에 있지 않소." 저는 말하겠습니다. **"염불의 중점은 「부동不動」에 있소. 정념이 서로 이어짐(淨念相繼)이 바로 「여여부동如如不動」입니다."**

말후에 "염불할 때가 곧 견불할 때이고 견불할 때가 곧 성불할 때"라는 정종의 미묘한 문구를 보충하여 인용하는 것으로 본문의 맺음말로 갈음하겠습니다.

참선을 닦는 사람도 이 무량수경을 독송해야 합니다.
이 법문은 곧 위없이 깊고 미묘한(無上深妙) 선禪이기 때문입니다.
아미타불이 곧 자성自性이고, 정토가 유심惟心이기 때문입니다.
선정수행(禪)도 있고 정토수행(淨土)도 있으면 마치
뿔난 호랑이와 같기 때문입니다.
정淨에 즉卽하고, 선禪에 즉하면 정淨 바깥에 선禪은 없기 때문입니다.
- 황념조 거사

사 홍 서 원

한없는 중생을 건지오리다
끝없는 번뇌를 끊으오리다
무량한 법문을 배우오리다
위없는 불도를 이루오리다

부록2

정수첩요

淨修捷要

정수첩요 淨修捷要

오념법문의 간단한 수행법

하련거夏蓮居 거사 집록緝錄

정종 일법(정토법문)은 행하기는 쉽고 믿기는 어려우니, 교법의 바다를 탐구하지 않은 채 강가의 나루터에서 기다리지 말아야 한다. 비록 『화엄華嚴』에서 십대원왕十大願王을 귀의처로 삼았고, 천친天親보살께서 오념五念을 수행문으로 삼았을지라도 말법시대 배움이 얕은 사람들은 쉽게 빠르게 들어가지 못하므로 반드시 『무량수경』을 숙독하여야 비로소 강요綱要를 간략히 밝힐 수 있다.

그러나 지금의 정업수행자는 대략 단지 『아미타경』만 수지하고 있고, 『아미타경』도 『진역(秦譯)본』만 수지하고 있다. 더구나 『당역본(唐譯)』을 수지할 뿐만 아니라 『무량수경』을 독송할 수 있는 사람은 매우 보기 드물다. 이것은 명호를 칭념하며 정업淨業을 닦는 사람은 많지만, 깊은 믿음과 간절한 원을 갖춘 사람은 드물기 때문이다. 이들은 믿음과 발원이 아직 깊지 않아 진실한 수용[14]을 얻고자 하여도

또한 어렵다!

1940년 2월 나는 병고 중에 발원하여 공경히 경문을 수집하고 정종 조사의 뜻을 결합시켜 간단한 수행법(簡課)을 만들어 처음 수행하는 근기의 사람들에게 전수하였다. 몸으로 예배하고, 입으로 염송하며, 뜻으로 경문을 염하면서 삼업三業을 짓는 사이에 한 번 예배할 때마다 자기(自)와 부처님(他)이 감응할 수 있도록 찬탄 · 관찰 · 발원 · 회향을 포괄하여, 망상이 쉽게 틈을 타지 못하게 하고 정념正念이 현전하도록 하였다. 이 수행법은 수행에 필요한 시간은 작지만, 수행을 통해 거두는 효과는 매우 크다. 이 예배문을 인쇄한지 벌써 4판이 되었다. 이를 수지하여 이익을 얻고서 계속 뒤이어 수행하면 시간이 절약되고 훨씬 더 수월해져서 행자들은 매우 편하다고 말한다.

이 예배문을 따라 마음을 운전할 수 있고 오랫동안 순숙하게 익히면 곧 성덕(性)과 수덕(修)이 둘이 아니고, 경계와 지혜가 일여一如한 이치에 대해 깊이 연구하지 않아도 저절로 신해가 생긴다. 이때 다시 『무량수경』을 독송하면 정토법문에 대해 물결 따라 가는 배에 바람 따라 돛을 다니, 곧장 (생사윤회의) 강을 건너가는 것과 같다. 다만 각 예배문마다 가지

14) "공과 유, 이변二邊에 떨어지지 않고 중도에 미묘하게 계합하는 것이 정종淨宗의 종지宗旨이다. 공과 유, 양변兩邊에 모두 떨어지지 않아야 비로소 진실한 수용受用을 얻는다." 『무량수경 심요』 (비움과소통)

런히 경문과 법어를 계념하되, 절대로 말만 번지르르하게 하지 말고, 뜻을 경솔하게 하지 말며, 몸을 오만하게 가볍게 움직이지 말라. 마땅히 정성·공경·경건한 마음을 다하여 자애로운 아미타부처님의 광명을 뵙는 듯 수행하면 바야흐로 천친보살의 사수四修[15]·오념五念의 종지에 계합하여 잠재의식으로 옮아가 묵묵히 운전하는 가운데 저절로 은밀한 이익을 얻을 것이다.

만약 간략한 것이 싫다면 『대경오념의大經五念儀』가 있어 탈고하려고 하니, 제방의 가르침을 바란다. 마침 연합보편기도법회(1945년에 열린 식재息災법회) 삼원만三圓滿[16]의 기간에 이르러 힘써 동수同修 선남선녀의 청에 따라 간략히 앞머리에 몇 마디 그 연기를 기록하여 말하였다.

정종학인淨宗學人 운성鄆城 하련거夏蓮居

북경燕京, 잠시 머무는 거처에서

환희가 무량하여 염불재念佛齋에서 적다

---

15) 첫째 「공경히 닦아라(恭敬修)」, 둘째 「뒤섞지 말고 닦아라無餘修」, 셋째 「중단 없이 닦아서無間修」, 넷째 「오랫동안 닦아라長時修」를 가리키다.

16) 세 가지가 원만함을 가리킴. 불법승 삼보를 두루 갖추는 것에서부터 인과와 경제적인 이익 등을 갖추는 것, 혹은 자타 그리고 자타가 모두 성취된 것을 말한다.

향찬香贊

계율·선정의 진향으로 삼가 경건하게 정성 다해 수행하여 공양하옵나니, 널리 저희들로 하여금 듣고 훈습시켜 선근이 모두 자라나게 하옵소서. 향기와 심광이 시방세계에 두루 가득하고 저희들 정성 간절하오니, 부처님께서 자비로 감응하시어 저희들을 가호하시고 늘 길상케 하옵소서.

나무향운개보살마하살南無香雲蓋菩薩摩訶薩 (세 번)

제1배 사바세계 스승님

한마음으로 관하며 예배하옵니다. 사바세계의 교주이시며 구법계의 도사이신 여래 세존께서는 오탁악세에서 팔상으로 성도하시고, 대비심을 일으켜서 유정들을 불쌍히 여기시며, 자비한 변재로 연설하여 법안을 뜨게 하시고, 삼악도의 길을 막고 삼선도의 문을 열어주시며, 행하기는 쉬우나 믿기는 어려운 법을 선설하시나니, 오는 세상에 일체 함령들이 모두 이 법에 의지하여 해탈을 얻게 될 것입니다. 은혜가 크시고 공덕이 크신 우리들의 스승이신 석가모니부처님이시여!

나무본사석가모니불 (한 번 절하고 세 번 부른다)

제2배 극락세계 스승님

한마음으로 관하며 예배하옵니다. 극락세계의 교주께서는 인지에서 설법을 듣고 곧 무상정각의 마음을 내시고, 진실의 지혜에 머무시며, 수고로이 고통 짓는 생사의 근본 뿌리를 뽑아버리길 맹서하시어, 국왕의 자리를 버리고 출가하여 사문이 되셨으니, 명호가 법장이었고 보살도를 닦으셨습니다. 무량겁에 덕행을 쌓고 심었으며, 발한 수승한 대원을 모두 다 원만히 성취하여 명호에 만덕을 갖추셨나니, 시방세계 제불께서 다 같이 칭양·찬탄하고 시방세계 중생들이 모두 듣습니다. 극락세계로 접인하여 이끄시는 우리들의 스승이신 아미타부처님이시여!

나무아미타불 (한 번 절하고 세 번 부른다)

제3배 극락세계

한마음으로 관하며 예배하옵니다. 여기서 서방으로 이 사바세계를 떠나 십만 억 불국토를 지나가면 부처님 세계가 있나니, 「극락」이라 이름합니다. 법장 비구가 성불하셨나니, 명호를

「아미타」라 합니다. 아미타부처님께서는 무량수불 · 무량광불이라 이름하며 여래 · 응공 · 정등각 십호가 원만하시고, 지금 극락세계에서 안온히 주지하시면서 일체 장엄을 완전히 구족하시고, 위덕이 광대하십니다. 청정불토에 계신 아미타부처님이시여!

나무아미타불 (한 번 절하고 세 번 부른다)

제4배 법신 의정장엄

한마음으로 관하며 예배하옵니다. 일체 처에 두루 계신 청정한 법신께서는 생함도 없고 멸함도 없고, 감도 없고 옴도 없나니, 이는 언어로 분별하여 알 수 있는 바가 아닙니다. 현재 서방극락세계 상적광토에서 법계의 중생을 접인하시어 사바세계의 괴로움을 여의고 구경의 즐거움을 얻도록 하십니다. 대자대비하신 아미타부처님이시여!

나무아미타불 (한 번 절하고 세 번 부른다)

제5배 보불신토

한마음으로 관하며 예배하옵니다. 원만보신께서 거하시는 곳에는 온갖 괴로움과 모든 고난, 악취와 마장 · 번뇌의 이름도 영원히 없고, 또한 사계절, 추위와 더위, 흐리고 비 오는 등의 기후변화가 없으며, 땅은 넓고 반듯하여 한계가 없고, 미묘 · 기특하여 아름다우며, 청정 장엄이 시방 일체 세계를 뛰어넘습니다. 실보장엄 정토에 계신 아미타부처님이시여!

나무아미타불(한 번 절하고 세 번 부른다)

제6배 수명과 광명이 무량하다

한마음으로 관하며 예배하옵니다. 아미타부처님께서는 수명이 무량하고 광명이 무량하며, 보살제자 · 성문 · 천인의 수명도 모두 무량합니다. 국토와 이름은 모두 시방세계보다 수승하고, 건립된 국토는 영원히 변치 않아 일체만물이 쇠하지도 않고 변하지도 않으며, 수승하고 희유합니다. 수명과 광명이 무량하신 아미타부처님이시여!

나무아미타불 (한 번 절하고 세 번 부른다)

제7배 광명 중에 지극히 존귀하다

한마음으로 관하며 예배하옵니다. 무량수불께서는 또한 명호가 무량광불이고, 또한 명호가 무변광불 · 무애광불 · 무등광불이고, 또한 명호가 지혜광 · 상조광 · 청정광 · 환희광 · 해탈광 · 안온광 · 초일월광 · 부사의광이십니다. 광명 중에 지극히 존귀하며, 부처님 중의 왕이신 아미타부처님이시여!

나무아미타불 (한 번 절하고 세 번 부른다)

제8배 위신광명으로 두루 제도하다

한마음으로 관하며 예배하옵니다. 무량광 무량수 여래세존께서 광명을 널리 시방세계에 비추시니, 인연이 있어 그 광명을 보는 중생들은 마음의 때가 멸하고, 선한 마음이 생겨나며, 몸과 뜻이 부드러워지고, 모든 질병의 괴로움이 멈추지 않은 이가 없으며, 일체의 근심과 번뇌 또한 벗어나지 않는 이가 없습니다. 이와 같은 위신 광명이 가장 존귀하고 제일로 뛰어나서, 시방제불은 미칠 수 없습니다. 위신광명으로 두루 제도하시는 아미타부처님이시여!

나무아미타불 (한 번 절하고 세 번 부른다)

제9배 부처님께 예배드리니 광명을 나타내시다

한마음으로 관하며 예배하옵니다. 극락세계의 교주이신 본존 아미타불께서는 저 높은 연화대에 앉아계시며 드높은 위덕을 드러내시고 상호에서 광명을 놓아 일체 경계에 두루 비추지 않는 곳이 없습니다. 마치 황금 산처럼 바다 수면 위로 솟아올라 그 가운데 만물이 모두 가려 덮이고, 오직 부처님의 광명만이 밝고 환하게 비추고 있으며, 무수한 성문과 보살들이 공경히 둘러싸고 있습니다. 극락세계 교주이신 본존 아미타부처님이시여!

나무아미타불 (한 번 절하고 세 번 부른다)

제10배 극락세계에 나타나 계시며 설법하시다

한마음으로 관하며 예배하옵니다. 극락세계의 교주이신 본존 아미타부처님께서는 지금 극락세계에 나타나 계시며, 모든 유정들을 위하여 높고 깊은 미묘한 법문을 선설하시어 중생으

로 하여금 수승한 이익과 안락을 얻게 하시나니, 시방세계 보살들께서 우러러 보고 예배하며, 법을 듣고 수기 받으며, 칭양 · 찬탄하고 공양합니다. 극락세계 교주이신 본존 아미타 부처님이시여!

나무아미타불 (한 번 절하고 세 번 부른다)

제11배　참선과 정토가 둘이 아니다

한마음으로 관하며 예배하옵니다. 부처님께서는 마음으로 말미암아 생하고 마음은 부처님을 따라 나타나며, 마음 바깥에 경계가 없어 전체 그대로 부처님이 마음이 되고, 경계 바깥에 마음이 없어 전체 그대로 부처님이 곧 자기입니다. 홍명이 자성을 바르게 드러내고, 정토는 바야흐로 유심을 현현합니다. 중생의 기감에 부처님께서 응현하시어 도가 교류하고 동시에 호응하나니, 십만억 노정을 떠나감에 이곳은 멀지 않습니다. 이 마음이 그대로 부처님을 이루고, 이 마음이 그대로 부처님이십니다. 극락세계 교주이신 본존 아미타부처님이시여!

나무아미타불 (한 번 절하고 세 번 부른다)

제12배 밀교와 정토가 둘이 아니다

한마음으로 관하며 예배하옵니다. 현교와 밀교가 일체이고, 몸과 국토가 둘이 아니며, 칭명은 주문을 수지하는 것과 다름이 없습니다. 교주가 곧 본존 아미타부처님이시니, 대일여래 · 비로자나불께서 함께 무량광불 · 무량수불로 돌아가고, 화장세계와 밀엄세계가 극락세계를 여의지 않나니, 수직으로 과거 · 현재 · 미래 삼제를 다하고, 횡으로 시방허공에 두루 가득합니다. 극락세계 교주이신 본존 아미타부처님이시여!

나무아미타불 (한 번 절하고 세 번 부른다)

제13배 명호는 만법을 통섭한다

한마음으로 관하며 예배하옵니다. 육자명호는 만법을 통섭하고, 일문에 깊이 들어감이 곧 보문이며, 전부 그대로 사상이 곧 이체이고, 전부 그대로 망상이 진여로 돌아가며, 전부 그대로 성덕이 수덕을 일으키고, 전부 그대로 수덕이 성덕에 존재합니다. 널리 배워 두루 찬탄함은 원래 일문에 깊이 들어가기 위함이고, 전일하게 수행함이 바로 총지이오니, 소리소리에 자기를 불러 깨우고, 생각생각에 본존을 여의지 않겠습니다. 극락세계

교주이신 본존 아미타부처님이시여!

나무아미타불 (한 번 절하고 세 번 부른다)

제14배 시각, 본각에 합하다

한마음으로 관하며 예배하옵니다. 무량광불·무량수불이 저희들의 본각이오니, 마음을 일으켜 염불해야 비로소 시각이라 이름하고, 저 국토의 의보·정보를 의지하여야 저희들의 자심이 현현하고, 시각은 본각을 여의지 않아 구경각에 이르는 깨달음의 길로 곧장 달려갑니다. 잠시 여의어 서로 어긋남에 문득 무명에 떨어지나니, 정변지의 바다가 비록 모든 중생들의 심상에 들어갈지라도 적광은 진실로 청정함을 알고서 일체 정계情計에 파급되지 말아야 합니다. 이러한 일은 미묘하여 생각하기 어렵고 절대 원융합니다. 극락세계 교주이신 본존 아미타부처님이시여!

나무아미타불 (한 번 절하고 세 번 부른다)

제15배 접인 받아 왕생하다

한마음으로 관하며 예배하옵니다. 만덕홍명이 능히 온갖 죄를

소멸시키나니, 만약 일향으로 전념하면 저절로 마음 속 때와 장애가 사라지고, 도심이 순숙해질 뿐만 아니라 복덕 · 지혜가 증장하며, 임종 시에 아미타부처님께서 수많은 대보살들과 수많은 성중들과 저희들과 인연 있는 사람들과 함께 현전하여 부처님의 자비력으로 저희들을 가지하고 보우하시어 마음이 산란하지 않고 접인 받아 극락세계에 왕생하고, 칠보 연못 가운데 연꽃이 피어 아미타부처님을 친견할 것입니다. 극락세계 교주이신 본존 아미타부처님이시여!

나무아미타불 (한 번 절하고 세 번 부른다)

제16배 의보가 수승하다

한마음으로 관하며 예배하옵니다. 서방정토 극락세계에는 공덕의 바람과 꽃비, 미묘한 향기와 하늘음악, 칠보연못과 칠보나무, 보배그물과 영묘한 새, 빛깔과 광명, 소리와 향이 불토에 두루 가득하고, 이와 같은 공덕장엄을 성취하여 유정들로 하여금 수승한 선근을 얻어 증장시키십니다. 대원대력의 아미타부처님이시여!

나무아미타불 (한 번 절하고 세 번 부른다)

제17배 정정취에 머물다

한마음으로 관하며 예배하옵니다. 극락세계 황금의 땅 위에, 줄지어선 보배 나무 사이에, 보배 연못 안에, 보배 누각 가운데 보리심을 발하고 염불하여 왕생하는 사람들이 있나니, 그곳에서 정정취에 머물러 영원히 물러나지 않고, 얼굴색은 미묘하여 세간 사람들을 뛰어넘어 희유하며, 다 같은 부류이고, 생김새에 차이가 없으며, 모두 청허의 몸과 무극의 몸이나니, 이러한 상선인들은 모두 일향으로 아미타부처님을 전념하였기에 그렇습니다. 대원대력의 아미타부처님이시여!

나무아미타불 (한 번 절하고 세 번 부른다)

제18배 일생보처의 대보살

한마음으로 관하며 예배하옵니다. 극락세계에 있는 보리수 아래에서, 칠보 난순 주변에서, 미묘한 법음을 듣고, 무생법인을 획득하여, 갖가지 대승법락과 복덕 · 지혜를 누리고, 위덕과 신통이 자재하며, 뜻하는 대로 구하는 것이 생각에 응하여 현전하나니, 이러한 일생보처의 모든 대보살들은 모두 일향으로 아미타부처님을 전념하였기에 그렇습니다. 대원대력의 아미타부처님이시

여!

나무아미타불 (한 번 절하고 세 번 부른다)

제19배 왕생보살 성중

한마음으로 관하며 예배하옵니다. 극락세계 도량의 누각 · 강당 · 정사에서 모든 왕생하는 자는 방편유여토와 범성동거토의 성중으로 혹 즐겨 법문을 설하거나 혹 즐겨 법문을 들으며, 혹 신족통을 나타내고, 혹 허공에 있거나 혹 평지에 있어, 뜻하는 대로 수습하여 원만하지 아니함이 없나니, 이러한 보살 성중은 모두 일향으로 아미타부처님을 전념하였기에 그렇습니다. 대원대력의 아미타부처님이시여!

나무아미타불 (한 번 절하고 세 번 부른다)

제20배 일체 제불께 예배 찬탄하다

한마음으로 관하며 예배하옵니다. 시방세계에 광장설상을 시현하여 참되고 성실한 말씀으로 무량수불의 불가사의한 공덕을 칭양 · 찬탄하시나니, 중생으로 하여금 저 부처님의 명호를 듣고

청정한 마음을 발하게 하여 억념 수지하고 귀의 공양하게 하며, 모든 선근을 매우 지극한 마음으로 회향하게 하여 발원한 대로 모두 왕생하게 하며, 불퇴전을 얻어 무상정등보리에 이르게 하시는 항하의 모래알 수만큼이나 많은 일체 제불이시여!

나무아미타불 (한 번 절하고 세 번 부른다)

제21배 일체 제불께 두루 예배하다

한마음으로 관하며 예배하옵니다. 사유・상하에서 본사 석가모니부처님을 칭양・찬탄하시고, 일체세간에 이 행하기는 쉬우나 믿기는 어려운 법을 설하여 모든 유정들에게 지극한 마음으로 신수하라고 권하시며, 시방세계의 염불중생을 호념하시여 극락세계에 왕생하게 하시는, 항하의 모래알만큼이나 많은 세계의 일체 제불이시여!

나무아미타불 (한 번 절하고 세 번 부른다)

제22배 무량수경 선본을 예배 찬탄하다

한마음으로 관하며 예배하옵니다. 경전에서 이르길, "오는 세상

에는 경전이 사라질 것이니라. 부처님께서 대자비심으로 중생들을 불쌍히 여겨 홀로 이 경전을 남기어 백 년 동안 머물게 할 것이니, 이 경전을 만나는 사람은 뜻하고 발원한 대로 모두 제도 받을 수 있을 것이라" 하셨습니다. 이러한 까닭에 저는 지금 지극한 마음으로 정례하옵나니, 광대 원만하고, 쉽고 간편하며 곧장 질러가며, 방편구경이자 제일 희유하여 만나기 어려운 법보인 대승무량수장엄청정평등각경이여!

나무아미타불 (한 번 절하고 세 번 부른다)

제23배 정토법문을 예배 찬탄하다

한마음으로 관하며 예배하옵니다. 일승의 요의이고 만선의 동귀이며, 범부와 성인을 같이 거두어들이고, 이근과 둔근을 모두 가피하며, 몰록 팔교를 갖추고, 원만하게 오종을 거두며, 횡으로 삼계를 초월하고, 곧장 질러가 사토에 오르며, 일생에 성취해 마치고, 구품연화대에 오를 수 있게 하나니, 시방세계 제불께서 함께 찬탄하고, 천경만론이 다 함께 가리키는 보왕삼매이자 불가사의하고 미묘한 법문이여!

나무아미타불 (한 번 절하고 세 번 부른다)

제24배 관세음보살을 예배 찬탄하다

한마음으로 관하며 예배하옵니다. 관세음보살께서는 아미타부처님의 화신으로, 들음의 성품으로 사유하고 수행하여 삼마지에 들어가서, 돌이켜 자성을 듣고 위없는 도를 성취하게 하시며, 보살행을 닦고 서방정토에 왕생하게 하십니다. 원력이 크고 깊어 32응신으로 보문시현하시고, 소리를 좇아 고난으로부터 구제하시며, 중생의 근기에 따라 감응하시니, 만약 긴급한 위난·공포를 만났을 때라도, 단지 스스로 관세음보살에 귀명하기만 한다면 해탈을 얻지 못할 자가 없습니다. 만억 자마진금 빛깔의 몸을 구족하신 관세음보살님이시여!

나무아미타불 (한 번 절하고 세 번 부른다)

제25배 대세지보살을 예배 찬탄하다

한마음으로 관하며 예배하옵니다. 대세지보살께서는 정종의 초조이시고, 염불하는 마음으로 무생법인에 들어가고, 육근을 모두 거두어 들여 정념을 이어가서, 방편을 빌리지 않아도 자성본연에서 마음이 열리는 것을 제일로 삼으십니다. 관세음보살과 더불어 현재 극락세계에 거하시며 큰 이락을 지어서 염불중생

을 섭수하여 취하고 버리지 않으시니, 중생으로 하여금 삼악도에서 떼어놓고 위없는 힘을 얻게 하십니다. 가없는 광명과 지혜의 몸을 구족하신 대세지보살님이시여!

나무아미타불 (한 번 절하고 세 번 부른다)

제26배 보현보살을 예배 찬탄하다

한마음으로 관하며 예배하옵니다. 보현보살께서는 무량수여래 회상에서 자리를 배열함에 상수가 되시고, 덕이 무리 가운데 존자가 되시며, 화엄경의 주인으로 만행을 장엄하십니다. 금강살타로 화신하여 영원히 밀교의 초조가 되시며, 인지를 버리지 않고 두루 현묘함을 거두십니다. 십대원왕으로 극락세계로 이끌어 돌아가시는 대원대행 보현보살님이시여!

나무아미타불 (한 번 절하고 세 번 부른다)

제27배 문수사리보살을 예배 찬탄하다

한마음으로 관하며 예배하옵니다. 법왕의 장자이자 칠불의 스승이신 승묘길상·무구대성께서는 모든 중생들과 함께 극락세계에

왕생하길 발원하시고, 마음을 한 부처님에게 계념하고 전일하게 명호를 불러서, 생각 가운데 아미타부처님을 친견하게 하십니다. 일행삼매의 지혜가 크고 매우 깊으신 문수사리보살님이시여!

나무아미타불 (한 번 절하고 세 번 부른다)

제28배 미륵보살을 예배 찬탄하다

한마음으로 관하며 예배하옵니다. 미륵보살께서는 영산회상에서 부처님의 가르침을 친히 계승하셨고, 석가모니부처님께서 대승 무량수경을 수여하여 정토법문을 홍양할 것을 부촉하셨습니다. 현재 도솔천 내원궁에 계시며, 오는 세상에 용화세계 보리수 아래에서 등정각을 성취하시고 삼회의 설법을 하십니다. 복덕이 가없으신 미륵보살님이시여!

나무아미타불 (한 번 절하고 세 번 부른다)

제29배 법회성중을 예배찬탄하다

한마음으로 관하며 예배하옵니다. 무량수여래회상에 모이신 사리불 등 모든 대존자와 현호보살 등 16정사들께서는 다 함께

보현 대보살의 덕을 좇아서 수학하고, 무량한 행원을 구족하여서 일체 공덕 법 가운데 안온히 머물러 계십니다. 무량수여래회상에 모이신 일체 대보살님이시여!

나무아미타불 (한 번 절하고 세 번 부른다)

제30배 연종 조사와 모든 대사님께 예배 찬탄하다

한마음으로 관하며 예배하옵니다. 위로부터 내려오시면서 연종의 조사들로 선종을 홍양하셨고, 유식의 교리를 펼치셨지만, 마침내 정토로 귀의하여 회향하신 모든 대선지식과 저희들에게 귀의 · 수계 · 전법 · 관정을 전하신 모든 대사들이시여!

나무아미타불 (한 번 절하고 세 번 부른다)

제31배 삼보를 두루 예배하다

한마음으로 관하며 예배하옵니다. 진허공 · 변법계에 상주하시는 삼보님과 시방세계 호법보살, 금강 · 범천과 천룡팔부, 이러한 성현 등의 성중이시여!

나무아미타불 (한 번 절하고 세 번 부른다)

제32배 두루 대신 참회 회향하다

한마음으로 세세생생 이어온 삶 가운데 만난 부모님, 스승님과 어른, 육친권속과 원친채주 등의 대중들을 대신하여 삼보에 정례하고 참회를 구하오니, 불쌍히 여겨 주시옵소서. 널리 법계중생을 대신하여 서방 극락세계에 회향하오니, 다 함께 정토에 왕생하고 다 함께 일체종지를 원만히 이루게 하옵소서.

나무아미타불 (한 번 절하고 세 번 부른다)

무량수불 찬탄

무량수불 감로왕의 위덕과 원력은 헤아려 측량하기 어렵습니다. 홍명을 공경히 정성 다해 칭하면 재난·장애가 소멸하고, 삼계의 불타는 집은 극락의 청량한 연못으로 변화되며, 보리심 가운데 부처님께서 광명으로 접인하십니다.

복혜의 선근이 저절로 증장하나니, 방황하지 않고 일향으로 아미타부처님을 전념하겠습니다. 부지런히 계율·선정의 진향으로 훈습하여 신·원·행 세 가지를 서방에 왕생하는 자량으로 삼아 자비의 배를 타고 고통의 바다를 건너가겠습니다.

나무서방극락세계
대자대비 대력 접인도사 아미타불
나무아미타불
(천번 혹은 만번 부른다)

오직 원하옵건대

천하가 화평하고, 해와 달이 청명하며, 비바람이 때에 맞추어 불고, 재난이 일어나지 않으며, 나라는 풍요롭고 국민은 편안하여 병사와 무기를 쓸 일이 없게 하옵소서. 또한 사람들은 도덕을 숭상하고, 인자한 사랑을 베풀며, 힘써 예절과 겸양을 닦아, 나라에 도적이 없으며, 원망하고 억울한 사람이 없으며, 강한 자가 약한 자를 능멸하지 않고, 각자 자신의 자리를 잡게 하옵소서.

그리고 원컨대 저희들이 수행한 공덕으로 법계의 일체중생과 모든 육도·사생 및 숙세의 원친채주와 현세의 업으로 지은 온갖 빚을 법력에 의지하여 모두 다 벗어나게 하시고, 현재 살아가는 자로 하여금 복을 증진하고 수명이 늘어나게 하시며, 이미 고인이 된 자로 하여금 정토에 왕생하여 다 같이 생사고통의 수레바퀴로부터 벗어나서 다 함께 깨달음의 언덕에 오르게 하옵소서.

是心是佛
是心作佛

從聞入流 返聞自性

들음으로써 성품의 흐름에 들어가서 돌이켜 자성을 들어야 하네

법문은 무량하나 요점은 마음을 밝히는데 있네.
공이 높고 들어가기 쉬운 것은 염불만한 것이 없구나.
염불의 진실한 가르침의 체體는 청정하게 소리를 듣는데 있으니.
염불삼매를 이루려고 하면 먼저 이근耳根을 닦아야 하네.
하루 모든 시간 가운데 부처님의 명호가 역력하고
소리는 구멍을 넘지 않아도 귀로 듣는 것이 항상 가득차면
인연따라 자재하고 듣는 성품 안으로 훈습되네.
생각이 전일하고 상념이 적정寂靜하면
쌓인 정情은 원융하고 밝아지니
부처는 본각本覺이며, 염하는 것은 시각始覺이라.
염念으로써 들음을 열고, 들음으로써 염을 닦으면
듣는 것이 바로 염하는 것이며, 염하는 것이 듣는 곳에서 이루어져
염이 있으면 반드시 듣게 되며, 들음이 없으면 염함이 아니네.
염함이 있어도 염이 쉬어지고, 들음이 없어도 들음이 다하네.
들음으로써 (성품의) 흐름에 들어가서
돌이켜 자성을 들어야 하네.
오직 소리 소리에 자기를 일깨우면
바로 생각 생각이 항상 깨달으며,
단지 전도망상을 따르지 않으면
즉 이것은 무명을 뒤엎어 깨뜨리는 것이네.
처음에는 번뇌를 등지고 깨달음으로 향하나
계속 나아가면 시각始覺이 본각本覺과 합해지며
오래되면 시각始覺과 본각本覺도 서로 없어져서
자연히 능(能: 주체)과 소(所: 객체)를 모두 잊게 되네.
– 하련거夏蓮居 대사大師의「청불헌기聽佛軒記」

부록3

연관 스님 왕생사적

곡기 끊고 8일 만에 왕생한 연관 스님

보정(普淨) 거사 지음

1) 집필 마지막 날 새벽에 날아든 '극락 간 소식'

엊저녁 『청화 스님, 청담 스님 극락 간 이야기』에 사진 다듬어 붙이는 작업하고 2시가 넘어 잤기 때문에 오늘은 오랜만에 늦잠을 자려고 하였다. 그런데 웬일인지 아침 6시가 되자 다시 눈이 떠져 『극락 가는 사람들(한국 왕생전)』 최종 마무리 작업을 하고 있는데 7시 좀 넘어 카톡이 울린다. 옥천사 청련암 원명 스님이 신문 기사를 보내온 것이다.

전 실상사 화엄학림 학장이며, 봉암사 태고선원 선덕인 연관 종사가 15일(수) 저녁 7시 55분 부산 관음사에서 입적했다. 세납 74세, 승랍 54세.

스님의 법구는 부산 관음사에 모셨다. 발인은 17일 오전 10시 30분 부산 관음사에서, 다비식은 12시 양산 통도사 다비

장에서 엄수한다. 통도사 주지 현문 스님이 연관 스님 입적 전 부산 관음사를 찾아가 다비식을 통도사 다비장에서 봉행하도록 했다.

연관 스님은 입적 전 일주일 전부터 일체의 곡기를 끊었고, 사흘 전부터는 물도 마시지 않으면서 수행자의 삶을 여법하게 회향하기 위한 준비를 한 것으로 알려졌다. 전 불교환경연대 상임대표 수경 스님과 전 봉암사 주지 함현 스님 등이 입적 당시 자리를 지켰고, 통도사 주지 현문 스님, 명진 스님 등이 입적 전 연관 스님을 만나 치료 등을 권했지만, **스님은 "나뭇잎이 떨어지면 뿌리로 돌아가는 것"이라며 생사의 경계를 넘어선 초탈한 자세로 수술과 항암치료 등 연명치료 부탁을 거절하고 사바와의 이별을 준비한 것으로 알려졌다.** (불교닷컴, 2022.06.17.「전 실상사 화엄학림 학장 연관 스님 입적」)

2) 연관 스님의 행장과 마지막 가는 길

오늘 『극락 간 사람들(한국 왕생전)』 집필을 마감하는 날 새로 극락 간 스님의 소식이 날아든 것이다. 부산 관음사에 전화해서 오늘 행사 안내장을 하나 부탁했더니 바로 메일로 보내왔다. 장례위원회에서 낸 안내장에는 간단한 행장과 신문에 나지 않은 사실들이 있었다.

① 1949년 8월 4일 경상남도 하동군 진교면에서 아버지 황학용 어머니 한여자 님을 인연으로 출생하였습니다. 속명은 황민화(黃民和).

② 1969년 1월 15일 금강사에서 우봉 스님을 은사로, 병채 스님을 계사로 사미계를 수지하고 이어 같은 해, 통도사에서 월하 스님을 계사로 구족계를 수지하였습니다. 재적 본사는 조계종 제8교구 본사 직지사입니다.

③ 1981년에서 1984년에 걸쳐 직지사 황악학림에서 관응 대강백을 강사로 경율논 삼장을 연찬한 이후 경학에 매진하며 수행정진하였습니다.

④ 1989년부터 1994년까지 직지사, 김용사 승가대학 강사를 역임했습니다.

⑤ 1995년부터 2002년까지 조계종 최초 승가전문교육기관 실상사 화엄학림 학장을 역임하였습니다.

⑥ 2002년 희양산 봉암사 선원을 시작으로 기기암, 칠불사, 벽송사, 백양사, 대흥사, 태안사 등 제방 선원에서 40안거를 성만하였습니다.

⑦ 2000년 환경단체 〈풀꽃세상을 위한 모임〉에서 시상하는 제6회 풀꽃상을 수경, 도법 스님과 공동 수상하였습니다.

⑧ 2001년 2월, 생명평화를 위한 백두대간 1,500리 종주를 하였습니다. 이어 2008년 한반도 대운하 반대 순례단 '생명의 강을 모시는 사람'들에 참가하였습니다.

⑨ 1991년 운서 주굉 스님의 『죽창수필』을 번역한 이후 참선 정진과 함께 번역에 매진하였습니다. 대표적인 번역서는 『금강경간정기』, 『선관책진』, 『선문단련설』, 『왕생집』, 『불설아미타경소초』, 『용악집』, 『학명집』, 『정법개술』 등 다수가 있습니다.
⑩ 2007년부터 2009년까지 『조계종 표준 금강경』 편찬에 참여하였습니다.
⑪ 2022년 6월 15일 관음사에서 입적하였습니다. 세수는 74세 법납은 53세입니다.

행장에 이어지는 영결 법어에는 조사들의 법거량이 소개되고 한 시인은 조사에서 “다시 북두칠성 그 여섯 번째 별인 문창성으로 가시는지요?”라고 스님이 가신 곳을 궁금해 하였다. 글 가운데 장의위원장인 관음사 지현 스님의 글이 연관 스님의 마지막 길과 스님에 대한 바람이 가장 절절하게 묻어난다.

연관스님!
스님은 코로나바이러스로 격리 중 말기암이라는 진단을 받고는 죽음이 벼락처럼 확연하게 마음에 와닿는 깨달음이 왔답니다. “코로나여! 암이여! 참으로 고맙고 감사합니다!”라며 임종의 때가 온 것을 기꺼이 받아들이니 한 포기의 풀과 한 그루의 나무 그리고 도량에 나온 뱀들도 귀하고 아름답게 보인다고 평생 뜻을 함께한 도반 수경 스님께 토로했다니 차원을 뛰어넘은 수행자 상을 보이셨지요. 수경스님, 도법스님처럼 훌륭한 도반들과 뜻을 함께 했으며, 마지막까지 정성스럽게 간병한 고담 스님같은 시자의 시봉을 받은 것은 스님의 큰 덕행 덕분이었습니다.

연관스님!

스님처럼 수행력을 두루 갖춘 스님께서 관음사에 오셔서 고요히 원적을 보이심은 저희들의 복운입니다. 그러나 이 세상에는 스님의 교화를 기다리는 고통스러워하는 중생들이 너무나 많으니 스님께서는 정토의 즐거움에만 안주하지 마시고 속히 저희들의 곁으로 돌아오시기를 간절히 정성 다해 간청합니다.

3) 연관 스님과 글쓴이의 인연

연관 스님을 뵌 적은 없지만 엮은이에게는 한두 가지 각별한 인연이 있다. 2008년 엮은이가 정토에 입문했을 때 국내에서 발행하는 모든 관련 책을 모아 닥치는 대로 읽어가는 도중 대구 자운사에서 법보시한 주굉의 『왕생집』을 읽게 되었다. 정토 행자는 물론 모든 불자들의 마지막 바람이 극락에 가서 불퇴전을 얻고 성불하는 것이다. 그런데 『왕생집』에는 이미 극락에 간 수십 명의 이야기가 소개되어 있었고, 그런 『왕생전』은 엮은이에게 극락에 갈 수

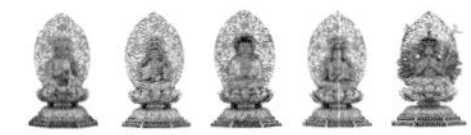

있다는 믿음(信), 극락에 가겠다는 바람(願)을 단단하게 세워주었다. 그리고 그때 '그런데 왜 『한국왕생전』은 없지?'라는 생각과 함께 『한국 왕생전』을 쓸 발원을 하고, 동대문 밖 안양암, 진주 연화사를 가서 자료를 수집하기 시작하였다. 그러나 당시 『왕생집』을 우리말로 옮긴 '하청'이란 스님은 누구인지 전혀 알지 못했다.

2009년 입산하여 3년 염불수행을 하고(行) 2012년 하산하여 정토 관련 책을 쓰고 있을 때, 자운사 혜명 스님이 『아미따불 48대원』이란 책을 기획하였다며 나에게 원고를 부탁했다. 나는 산사에서 이미 정토삼부경을 번역해 놓았고 『아미따경』은 이미 전자책을 냈으므로 그 원고를 그대로 쓰고, 『무량수경』 앞부분을 정리하여 『아미따불 48대원』을 정리하였다. 그때 혜명 스님이 『아미따불 48대원』에 연관스님의 「정법개술(淨法槪述)」도 함께 낸다고 하여, 그때 처음으로 연관 스님을 알게 되었다.

그리고 아침에 자운사 혜명 스님에게 전화해서 "오늘 연관 스님이 입적하셨는데 마지막으로 『극락 간 사람들』에 꼭 넣어야겠다"라고 하며 연관 스님에 대해 이야기하는 도중 혜명 스님이 "연관 스님이 바로 주굉의 『왕생전』을 번역하신 '하청'이시다" 라는 사실을 말하면서 자기도 2000년도 초반에야 알았다고 했다.

2000년대 초반에 『왕생집』 번역하신 '하청'이란 분을 수소문하다가 『화두놓고 염불하세』란 책을 쓰신 보적 김지수 교수가 알고 있다 하여 함께 지리산 실상사에 가서 수경 큰스님, 도법 큰스님, 연관 큰스님을 처음으로 친견하게 되었습니다. 연관 큰스님은 그 자리에서도 수경 큰스님과 도법 큰스님과의 대화에서도 염불에 강론을 펴시었고 염불하기를 권하셨습니다.
주석하시는 암자로 자리를 옮기셔서 차를 내어 주시면서도 오랜 시간 정토 법문을 주셨고, 「정법 개술」에 대하여 환희심을 갖고 있던 저에게 정토법문 포교하라 하시면서 번역하신 「정법개술」 원본을 법공양으로 내어 주셨습니다. 그 정법개술을 책으로 인쇄해서 법보시 해오다가 이후에 제가 출가해서 전화드렸더니 반가워하시며 많이 칭찬해 주셨습니다.
2015년 『아미타불 48대원』을 책으로 내면서 「정법개술」을 함께 넣겠다고 전화 드렸더니 다시 다듬은 걸로 쓰라시며 출판 대표에게 직접 보내주시기도 하셨습니다.

그러니까 연관 스님과는 이미 크게 두 번의 인연이 있었으며, 특히 주굉의 『왕생전』을 통해서 엮은이가 『한국 왕생전』을 쓰게 하셨는데, 그 원고를 마치는 날 입적하여 새벽에 원명 스님을 통해 알리는 것은 "『한국 왕생전』 마지막에 넣을 사람이 있다."라는 것을 알린 것이 아닌가!

혜명 스님도 "『한국 왕생전』을 올리는 이 시점에서 바로 오늘 큰스님 왕생하신 사실은 우리 『한국 왕생전』 불사가 우리 힘이 아닌 불보살님의 뜻임을 느끼게 합니다."라고 감격해 하였다.

4) 연관 스님의 극락 가는 씨앗(往生因)

오전 일과가 시작되자 엮은이는 국회도서관에 가서 『죽창수필』 초간본을 비롯하여 3번의 출판본의 서문과 『往生集 죽음 너머』 서문을 복사하고, 조계종출판사에 가서 『불설아미타경

소초』를 사서 연관 스님의 왕생인을 쓴다.

스님은 『죽창수필』, 『왕생집』, 『금강경 간정기』, 『선관책진』, 『선문단련설』, 『용악집』, 『학명집』, 『불설아미타경 소초』, 『정법개술』 등을 번역, 출간하였다. 그리고 『조계종 표준금강경』 편찬위원장을 역임하고 경전 번역 및 정진에 매진해 왔다. 주로 정토 관련 책, 특히 운서 주굉의 책을 중점적으로 옮겼다는 것을 알 수 있다.

(1) 1991, 운서 주굉 저, 연관 역, 『竹窓手筆』(불광, 1991)
2005, (운서 주굉 『죽창수필』 선역), 연관 옮김 『山色』, (호미 2005)
2014, 운서 주굉 저, 연관 역, 『죽창수필』 (불광출판사, 2014)

연관 스님이 정토관계를 가장 먼저 낸 것이 1991년 1월 『죽창수필』이고, 4월에 『왕생집』을 낸다. 그러므로 이 두 책을 준비하려면 적어도 1년에서 몇 년 전에 정토와 인연을 맺었다고 볼 수 있다. 연관 스님은 정토와 처음 인연을 맺은 연유를

이렇게 돌아본다.

양산 금강대는 소금강이라고도 불리는 곳이다. 주인 일장 스님이 … 어느 날 내게 한 권의 책을 꺼내놓으며, "내용이 간솔하고 좋은 책이니 스님도 한번 읽어 보오." 하였다. 죽창수필과의 만남은 이러한 인연으로 이루어졌다.

연관 스님은 『죽창수필』을 읽고 주굉의 설득력 있는 논리에 빠졌고 이어서 주굉의 다른 책도 읽어 가고 있다는 것을 알 수 있다.

아무 비판없이 전통적으로 익혀 온 구습이나 시폐를 지적한 점에도 귀를 기울여야 한다. '스님이 무엇이길래 부모에게 절을 하지 않는단 말인가! 부처가 된 후에 부모의 귀의를 받아도 늦지 않다.' 하였다. 이러한 비판적 문제에 대해서는 스님의 다른 저서인 『정와집(集)』에서 집중적으로 다룬 것을 볼 수 있다. 세상에 흔히 전하는 사람 사는 얘기나 기담 따위도 재미 이상의 되씹을 맛이 있다.
스님의 필봉은 노고추(老古錐) 바로 그것이다. 원숙하면서 날카롭다. 상(相)에만 편집하지 않고, 성(性)에도 골몰하지 않았다. 거산(居山)이 발을 오무린 것이라면, 행각(行)은 발을 뻗은 것이다.

마지막에 "아! 스님은 송나라의 영명 화상이 다시 오신 것일까. 어찌 그다지도 행리가 흡사하신가! 감산 덕청(憨山德淸)은 아미타불 후신이라고 칭송하

신 적도 있다."라고 주굉을 크게 기리고 있다. (이상 『죽창수필』「역자 서」)

이 죽창 수필의 서문을 통해서 연관 스님은 나이 50을 바라보는 1990년 언저리에 정토에 입문했다는 것을 알 수 있다. 15년이 지난 2005년에 450개쯤 되는 『죽창수필』에서 140개 남짓 가려뽑아서 묶은 것이 『산색(山色)』, 9년 뒤 2014년에 낸 개정판도 일장 스님이 세운 남원 황매암에서 썼다.

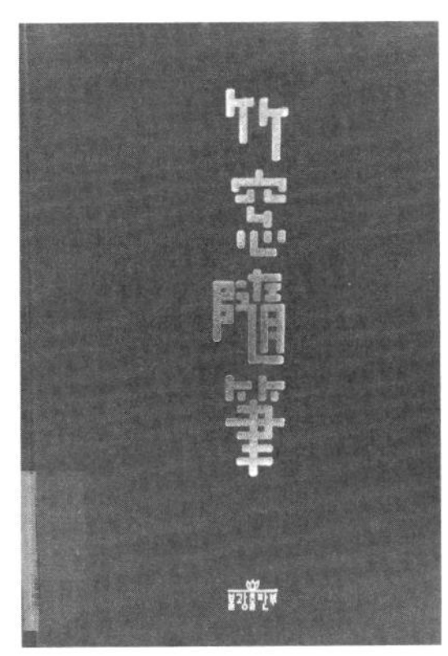

(2) 주굉 모음, 방륜 지음, 하청 풀어씀, 『왕생집 · 정법개술』, 여래, 1991.
주굉 모음, 방륜 지음, 하청 풀어씀, 『왕생집 · 정법개술』, 여래, 2008.(자운사 법보시)
운서 주굉 엮음, 연관 옮김, 『往生集 죽음 너머』, 호미, 2012.9.

『왕생집』은 『죽창수필』보다 4개월 늦게 나왔는데, 역자 후기에서 이렇게 말한다.

> 고백하건대 역자는 돈독한 정법 행자(淨法行者)도 아니고, 정법 교의(淨法 敎義)에 대한 지식도 천박하다. 따라서 출판에 앞서 이른바 법을 아는 자가 두렵기도 하고, 흘깃 남의 집을 엿보듯 한 자괴심도 없지 않다.

두 권의 책을 번역해 냈으나 아직 돈독한 정법 행자가 아니라는 것을 넌지시 말하고 있다.

그러나 13년 뒤 개정판을 낼 때는 이미 회갑이 넘은 나이가 되었고, 그동안 정토 경전까지 깊이 연구하며 스스로의 정토관을 세운다.

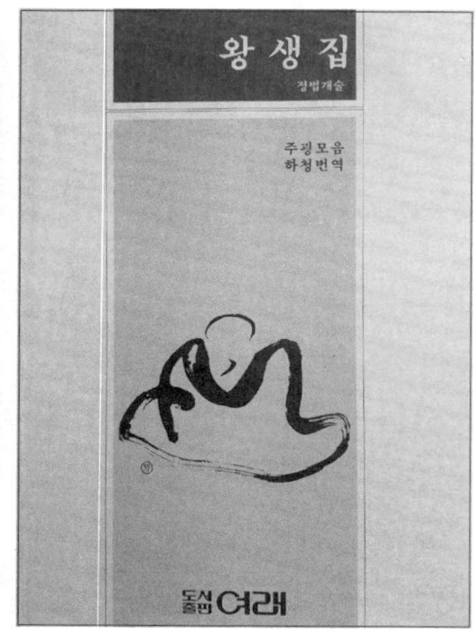

스님은 머리말 「옮긴이가 들려주는 「왕생집」 들여다보기」에서 『왕생집』 각 편마다 담고 있는 내용을 여섯 가지로 나누어 살펴보았다. 그리고 이것이 연관 스님의 정토관이 되었다고 볼 수 있다.

첫째, 부모에게 효도하고 자비로 보시를 행하며 계율을 청정히 지키고 10선을 행하며, 도리에 충실하고 각자의 직분을 다하는 것이 정토에 왕생하는 본바탕[이것을 정토와의 정인(正因)이라 한다]이 됨을 누누이 강조하였다. 불효하며 염불하는 이는 없고, 인색하고 욕심 많이 부리며(慳貪) 염불하는 이는 없으며, 울분을 참지 못하면서 염불하는 이는 없고, 10악을 저지르며 염불하는 이는 없으니, 청정한 6자 명호(六字名號)인 '나무아미타불'에는 6바라밀이 완벽하게 갖추어져 있음을 짐작하기 어렵지 않다.

둘째, 많은 이들이 왕생을 위해서 어떤 수행을 하였는지 알 수 있다.

정토종의 초조라 일컫는 혜원 스님은 여산에서 고승과 선비 일백사십여 명과 함께 정토 모임(淨社)을 만들어 날마다 선송(禪誦, 「관무량수경」에 의해 정

토의 16가지 경계를 관상하며 경전을 독송하는 염불법)을 그치지 않았다고 한다. 어떤 이는 촛불을 잡고 탁자에 기댐으로써 생각을 집중하여 흩어지지 않게 하였다고 하며, 어떤 이는 미타와 관음 두 경전을 지니고 독송하며 정토왕생을 발원하였으며, 또 방등참(方等懺)이나 법화참(法華懺) 같은 예참법을 행하며 왕생을 발원하였으며, 경전의 소를 지어 발원했다거나, 대승 경전을 독송하고 찍어 내어 왕생을 발원했다고도 하고, 반주삼매[般舟三昧 : 반주는 불립佛立이라 한다. 부처님이 공중에 서 있는 모습을 관하여 얻은 삼매]를 닦아 왕생을 얻기도 하고, 주력(呪力)에 의지해 왕생을 발원하기도 하였다.

이러한 것을 작관(作觀)이라고 하는데, 실상념(實相念)·관상념(觀相念)·칭명염(稱名念)으로 크게 나눌 수 있다.

먼저, 실상념은 제일의심(第一義心)에 들어가서 법신의 실상을 관하는 것이다. 이것으로 얻은 삼매를 진여삼매 또는 일행삼매(一行三昧)라고 한다. 이 법문은 본래 선에 속하는 것이지만, 선심으로 나타난 경계가 바로 정토이므로 역시 정토법에 포함시킬 수도 있다. 이 법은 상상근기가 아니면 능히 깨닫지 못하므로 중근기와 하근기에게는 적합지 않다. 그러므로 정토법에서는 이 법을 제창하는 이가 드물고 선문에 맡겨 둔다.

관상념은 「관무량수경」에서 말한 아미타불 극락국토의 의·정 장엄(依正莊嚴)을 관조하는 16가지 관법을 말한다. 이 관행(觀行)이 깊어지면 눈을 감든지 뜨든지 극락 아닌 곳이 없어서 그대로 사바세계가 변하여 정토가 되니 죽을 때를 기다리지 않고 그 자리에서 몸이 극락국에 노닐게 된다. 따라서, 공덕과 효과의 크기로 말하면 무엇과도 비교할 수 없다. 이것으로 얻은 삼매를 반주삼매(般舟三昧) 또는 불립삼매(佛立三昧)라고 한다. 다만 관법이 미세하고 깊어서 실로 실행하기 어려운 법문이다.

칭명념(稱名念)은 부처님 명호를 부르는 염불법이다. 이것은 위에서 말한 두 가지 염불법에 견주어 실행하기 쉬워서 상·중·하근기를 막론하고 능히 부처님 명호를 부를 수만 있으면 성공하지 못할 이가 없고, 염불을 일심불란하게 만하면 금방 삼매를 얻게 된다. 이렇게 하여 얻은 삼매가 염불삼매다.

「왕생집」에서는 여러 염불 작관 가운데서 "칭명염불"법을 가장 두둔하며 제창하고 있다. 이 염불법은 아미타 부처님의 전신인 법장비구의 48원에서 비롯된 것이다.

> "설사 내가 부처가 될지라도 시방 중생이 지극한 마음으로 믿고 즐거워하여 나의 나라에 태어나고자 하면, 10념(十念)만을 하고서도 만일 태어나지 못하면 정각을 이루지 않겠나이다."

이 경문은 "시방 중생이 10념만 하더라도 반드시 이 나라에 태어나기를 바라는 원"에 의한 것이다. 법장 비구의 48원 가운데 이것이 가장 중요하므로 이 원(願)을 "원의 왕"이라 부른다. 칭명염불은 수많은 대덕이 끊임없이 제창하고 실행하여 여염에도 널리 파급된 염불법이다.

셋째 염불수행의 극치는 '일심불란(一心不亂)'이다.

'일심불란'은 염불 수행할 때 지극한 마음으로 미타의 명호를 지송하여 마음이 흐트러지지 않고 자기 몸과 '나무아미타불'이 합일하는 것으로, 어느 편에서나 거의 보인다. 이 '일심불란'은 「불설아미타경」에서 부처님이 직접 보이신 것이다.

"사리불이여, 만일 선남자 선여인이 아미타불에 대해 설한 것을 듣고 그 부처님의 명호를 굳게 가지되 하루나 이틀이나 사흘이나 나흘이나 닷새나 엿새나 이레 동안 일심불란하면 ……."

'일심불란'이야말로 수행의 극치임은 말할 나위가 없다. 이 책 다음으로 출간하게 될 주굉 스님의 저술 자세히 풀이한, 「석가불이 아미타를 설한 경(佛說阿彌陀經疏)」에서는 수십 쪽에 걸쳐 이 '일심불란'에 대해 설명하고 있다. 이 '일심불란'이 곧 선문의 '일념(一念)'이라고 말하면 눈을 부라리며 팔을 걷어붙이고 따질 자도 있을 것이다. 심천이 다르다는 뜻일 것이지만, 아! 부처님이 "나의 설법은 마치 제호의 맛과 같아 가장자리나 중간이 같으니라."라고 하신 말씀을 듣지 못했는가?

넷째는 정토왕생을 발원한 이들이 죽음에 이르면 부처님께서 관음과 세지 등 여러 보살과 함께 어김없이 맞이하신다.

이것은 법장비구의 48원에 따른 것이다. "설사 내가 부처가 될지라도 시방 중생이 보리심을 발하

고 모든 공덕을 닦아 지극한 마음으로 발원하여 내 나라에 태어나고자 하되, 목숨이 다할 때 만일 대중에 둘러싸여 그 사람 앞에 나타나지 않으면 정각을 이루지 않겠나이다." 곧 '시방 중생이 발원하여 이 나라에 태어나고자 하면 임종할 때에 반드시 와서 영접하려는 원'이다. 죽음을 맞는 이를 위해 부처님이 와서 맞이하는 내영(來迎)은 죽음의 문 앞에서 속수무책인 인간에게 큰 위안이다. 얼마나 크게 위안이 되었으면 악인이면서도 왕생한 웅준이라는 자가 "아, 마침 이런 것이 있었구나!" 했겠는가!

다섯째는 간화선문의 최후 목표점이 견성성불에 있듯이, 염불정토의 마지막 목적지는 왕생정토다.

극락정토는 법장비구가 세자재왕불의 가르침에 따라 중생을 제도하기 위한 도량을 만들기로 하고서, 처음 설계한 뒤에 오백 겁 동안 사유하고 불가사의한 힘을 더한 뒤에 이윽고 이룩하였다. 그리고 청정 불토를 다 만든 뒤에, 다시 세자재왕불 앞에 나아가서 이곳에서 중생을 제도할 48가지 큰 원을 세웠으니, 곧 "설사 내가 부처가 되더라도 나라 가운데 지옥·아귀·축생이 있으면 정각(正覺)을 이루지 않겠나이다. 비록 내가 부처가 되더라도 이 나라의 천인(天人)이 목숨을 다한 뒤에 다시 삼악도에 떨어지는 자가 있으면 정각을 이루지 않겠나이다." 하는 원이 한 예이다. 극락정토는 아미타 부처님이 중생을 제도하기 위해 만드신 의보와 정보가 매우 장엄한 곳이라서 이곳이야말로 최고의 이상향이라 할 것이니, 정토 행자로서는 이곳에 태어나는 것을 최고의 목표로 삼지 않을 수 없다. 그러므로 왕생집에서는 온갖 수식을 다하여 이 왕생의 정경을 보이고 있는바, 실로 화려하기 이를 데 없다.

그러나 왕생은 사후의 일이라, 정(定)에서 극락을 여행하고 돌아와서 알려주었거나 꿈속에서 왕생의 정상을 보았거나 임종의 거룩한 정상으로 왕생을 가늠할 수밖에 없다. 왕생뿐만 아니라 왕생 품위도 정에서 본 것이나 꿈속에서 본 것이나 임종의 거룩한 정상이 잣대가 될 수밖에 없다. 어느 염불 수행자는 죽음에 다다라 단정히 가부좌하고 앉아 부처님 명호를 부르더니, 염불 소리가 차츰 낮아지면서 숨소리도 차츰 잦아들었다 하였으니, 이를 보고 누가 왕생을 의심하고 정토교의 우수성을 의심하며 이를 본받고 싶어 하지 않겠는가?

누가 이런 말을 했다. "왕생은 극락이라는 학교

에 입학하는 것이다. 시방 삼세에서 가장 훌륭한 스승인 아미타부처님을 직접 뵙고 가르침을 받고 위없는 깨달음을 얻은 뒤에 사바세계로 다시 돌아와서 수많은 인연 있는 중생을 제도하고자 하는 것이 왕생의 본래 뜻이다. 번뇌를 다 녹이지 못한 중생이면 누군들 후신(後身)을 다시 받아 나지 않겠는가? 그렇다면 정토왕생에 뜻을 두고 정토에 왕생할 수 있다면 어떤 것이 이보다 더 나은 것이 있겠는가?" 이것이 바로 정토 수행자가 왕생을 최후 목표점으로 삼는 까닭이다.

여섯째, 시방 국토에도 수많은 정토가 있으니, 예컨대 동방에는 아촉, 약사, 수미등왕 등의 부처님이 계시고, 남방에는 명등, 상방에는 향적불이 계신다. 이와 같이 부처님은 제각기 정토가 있어서 모두 넓고 장엄하며 먼지와 때가 끊어진 곳이다. 그러나 「왕생집」에서는 유독 서방의 극락세계만을 선택하여 이곳에 왕생하기만을 강력히 주장한다. 「왕생집」은 그 까닭을 밝히지 않았으나, 「자세히 풀이한, 석가불이 아미타를 설한 경」(근간)에서는 그 까닭을 열 가지로 설명하고 있다.

칭명염불(稱名念佛, 부처님 명호를 부르는 불법), **일심불**

란(一心不亂, 생각이 한곳에 전념하여 흩어짐이 없는 것), 왕생정토(往生淨土, 정토에 왕생하는 것). 이 세 가지를 나는 정토종의 세 솥발(三鼎)이라 부르고자 한다. 이 세상에 몸을 의탁한 이상 그 누구도 죽음이란 문을 피할 수는 없다. 그러니 누구라도 이 정토 법문에 의지하여 저 아미타부처님의 내영을 입어 서방정토에 왕생하여 부처님을 뵙고, 가르침을 친히 듣고, 무생법인(無生法忍)을 깨달아서 인연이 오면 다시 이 사바로 돌아와 인연 있는 중생을 제도하기 바란다.

여기서 우리는 연관 스님의 정토관을 뚜렷이 알 수 있고, 스님은 30년 이상 이를 실천했다고 본다.

(3) 운서 주굉 지음, 연관 옮김, 『불설아미타경소초』, 불광출판사, 2015.04.22.

1990년대 『죽창수필』과 『왕생전』을 옮겨 나누며 자신의 극락 가는 길을 닦은 스님은 2013년부터 정토경전 연구에 뜻을 두고 『불설아미타경 소초』를 옮겨서 펴낸다.

720여 쪽에 달하는 이 책의 요지는 칭명염불, 일심불란, 왕생정토이다. 칭명은 왕생의 인(因)이요 왕생은 일심의 과(果)이며, 일심은 앞과 뒤를 아우르는 이 경 전체의 골자다. 방행(放行)이면 마음이요 비로자나요 아미타며, 파정(把定)이면 마음도 아니요 비로자나도 아니요 아미타도 아니다. 방행이 옳은가, 파정이 옳은가? 옳고 그르고는 잠시 그만두고, 연관은 틈틈이 2년여 만에 이 일을 회향한다. (『불설아미타경 소초』 해제)

『왕생집』의 고갱이를 『아미따경』을 통해서 다시 확인하고 있는 것을 보면, 이미 정토에 대한 완벽한 관이 서 있다는 것을 알 수 있다.

(4) 방륜 거사 저/연관 스님 역, 『업을 지닌 채 윤회를 벗어나는 성불법 : 정법개술』 (비움과소통, 2017년 10월 27일)

『정법개술』은 이미 앞에서 보았듯이 『왕생전』과 함께 1991년 발표하였다. 그 뒤 여러번 법보시품으로 발행되는 동안 고치고 손보아 2017년 책으로 냈다. 이 책에는 황염조(黃念朝) 거사가 쓴 『정토고갱이(淨宗心要)』와 하련거 거사의 『정토 수행의 지름길(淨修捷要)』이 함께 실려 있다. 이 책은 정토 수행자들이 구체적으로 실천할 수 있는 길잡이 역할을 하도록 펴낸 것이다.

5) 연관 스님이 극락에 간 것을 기리며,

이 글을 쓰면서 무량수여래회 자항 거사에게 전화했더니 두 가지 사항을 더 알려주었다. 첫째 스님은 이미 『만선동귀집(萬善同歸集)』을 번역하여 출판 준비 중이었다고 한다. 『만선동귀집』은 송나라의 영명연수(延壽: 904~975)대사가 지은 책으로 모든 선(善)은 궁극적인 진리로 돌아간다고 설하고, 선(禪)과 염불을 함께 닦을 것을 권장하여 염불선(念佛禪)

의 터전을 확립한 저술이다. 스님이 그동안 선을 중시하고 염불을 경시하는 한국 불교계에 『만선동귀집(萬善同歸集)』으로 자신의 불교관을 보여주려는 임종게라고 본다.

또 2달 전 스님이 무량수여래회에 『왕생집』 300권을 보내 법보시 해 달라고 부탁했다고 한다. 조용히 마지막을 준비하고 있었던 것이다.

엮은이의 불교카톡방에 연관 스님이 곡기를 끊고 간 기사를 실었더니 이런 질문이 있었다.

"연관 스님께서 입적을 일주일 앞두고 미리 곡기를 끊으신 이유가 궁금합니다."

"첫째, 이미 갈 곳이 정해져 있기 때문입니다. 그 스님은 『죽창일기』, 『왕생전』, 『정법개론』 같은 책들을 번역하여 적어도 30년간 준비해 오셨습니다. 죽음을 준비한 사람에게 죽음은 두렵지 않습니다. 둘째, 마지막 육체가 스러지는 과정에서 겪는 고통을 여읜 것입니다. 셋째, 태어난 것은 마음대로 안 되었지만 가는 것은 자기가 결정할 수 있다는 것을 보여 준 것입니다. 넷째, 주변 사람들 병 간호하고 병원비 쓰는 쓸데없는 낭비를 미리 막은 것입니다. 사람들은 죽을 준비 안하고 두려워만 하고 있을 때 스님은 꾸준히 준비하여 내공을 쌓은 것입니다."

이처럼 자기 죽음 스스로 결정해 가는 관습은 현재도 인도 자이나교에는 전통이 되어 내려오고 있다. 불교와 함께 생겨나고 교리가 비슷하여 서양 사람들이 불교로 오인하는 자이나교에서는 고승들이 공개적으로 곡기를 끊어 삶을 마무리한다. 그러면 그 마지막 가는 길을 신도들이 가마에 모시고 행진하는 모습을 볼 수 있다. 우리나라 스님들 전기에도 나온다. 『극락 간 사람들(韓國往生傳)』 상권에 1872년, 「한 글자에 3번 염불, 3번 돌기, 3번 절한 아미따경 사경 - 남호당 영기」 편에서 소개했다. "스님이 그 일을 마친 뒤 병이 생겼는데 한숨 쉬며 말하기를, '허깨비 몸뚱이가 병이 많고 세상에 사는 것도 이익이 없으니 곡기를 끊겠노라.' 하고 9월 22일에 돌아가시면서 잠깐 문인에게 "숲속 짐승에게 (내 몸뚱이를) 던져 주어라."라고 했다는 기록입니다.

불교 스님이 아닌 미국의 한 환경운동가도 만 100살이 되자 곡기를 끊고 부인 무릎에 누어 조용히 삶을 마감한 이야기도 있다. (헬런 니어링, 『아름다운 삶, 사랑 그리고 마무리』)

원래 어제 『극락 간 사람』 하권을 탈고하려고 했

으나 연관 스님 편을 새로 쓰느라고 하루를 더 썼다. 스님의 행적과 저서를 보면서 스님은 30년간 일관되게 극락 가는 길을 벗어나지 않고 흔들리지 않는 믿음(信), 그 믿음을 바탕으로 한 바람(願), 그리고 정토 수행(行)과 마지막 회향까지 완벽하게 마무리하셔 그 증과(證果)는 극락 윗동아리(上輩)에 가실 수 밖에 없다는 결론을 얻었다. 『한국 왕생전』을 쓰게 해주신 스님이 마지막 날 직접 본인의 이야기를 책의 끝에 넣도록 해 주셔서, 조금이라도 은혜에 보답할 수 있게 해 주셔 감사드리며, 가벼운 마음으로 『극락 간 사람』 하권을 마무리한다.

거대하고 오래된 성불학교成佛學校

서방정토는 거대한 학교이니 아미타불께서 시방중생을 접인하여
그곳에 가서 배우게 하시고 음식이나 의식을 공급하신다.
학비를 낼 필요도 없고 햇수도 한정이 없다.
그곳은 가없이 넓고 크며 아득한 옛날에 건립된 곳이다.
그 학교에 들어간 자는 어떤 근기를 막론하고
무생법인無生法忍을 증득할 때 제1차 졸업을 하게 된다.
어떤 자는 그곳에서 수업을 받게 되고, 어떤 경우에는 다른
곳으로 가서 교화를 받게 되지만 그의 원은 달라지지 않는다.
이로부터 십주十住, 십행十行, 십회향十回向 등 삼현三賢의
지위를 원만히 한 후에 초지初地에 들어갔을 때 제2차 졸업을
하게 된다. 다시 초지로부터 등각等覺에 이르러 묘각妙覺의
과해果海에 들어갔을 때 제3차 졸업을 하게 된다.
-방륜方倫의 '정법개술淨法概述'

출판 자금을 내거나
독송 · 수지하는 사람과
여러 사람 여러 장소에
유통시키는 사람들을 위해
두루 회향하는 게송

경을 인쇄한 공덕과 수승한 행과
가없는 수승한 복을 모두 회향하옵나니,
원하옵건대 전생 현생의 업이 다 소멸되고,
업과 미혹이 사라지고 선근이 증장되며,
현생의 권속이 안락하고, 선망 조상들이 극락왕생하며,

시방찰토 미진수 법계, 공존공영하고 화해원만하며,
비바람이 항상 순조롭게 불고 세계가 모두 화평하며,
일체 재난이 없어지고 사람들이 건강 평안하며,
일체 법계 중생들이 함께 정토에 왕생하게 하소서.

세 가지 정업淨業
왕생극락 하는
윤회를 벗어나

저 극락세계에 태어나고자 하는 이는
마땅히 삼복三福을 닦아야 하느니라.
첫째는 부모님께 효도 봉양하고,
스승과 어른을 받들어 모시며,
자비로운 마음으로 살생을 하지 말고,
열 가지 선업을 닦아야 하며,
둘째는 삼보를 받아들이고 늘 기억하여,
온갖 계행을 구족하고 위의를 범하지 않아야 하며,
셋째는 보리심을 발하고서 인과(염불성불)를 깊이 믿고
대승경전을 독송하도록 수행자를 권진勸進하여야 하느니라.
이와 같은 세 가지 일을 정업淨業이라 이름하느니라.
– 관무량수경

업을 지닌 채 윤회를 벗어나는 성불법

정법개술

1판 1쇄 펴낸 날 2017년 10월 27일
1판 2쇄 펴낸 날 2022년 6월 26일(우란분절)
저자 방륜 거사 **번역** 연관 스님
발행인 김재경 **편집** 김성우 **디자인** 최정근 **교정 · 교열** 이유경 **제작** 해인프린팅
펴낸곳 도서출판 비움과소통
서울 금천구 가산디지털2로 43-14, 7층 702호
전화 031-667-8739 팩스 0505-115-2068
홈페이지 blog.daum.net/kudoyukjung **이메일** buddhapia5@daum.net
출판등록 2010년 6월 18일 제318-2010-000092호

ISBN 979-11-6016-029-1 03220